Bewerbungs-Trainer

- Schritt für Schritt zur perfekten Mappe
- Im Gespräch überzeugen

Inhalt

Vorwort

Liebe Leserin, lieber Leser,

mit diesem Ratgeber möchten wir Sie bei Ihrer überzeugenden Bewerbung praxisorientiert und anschaulich unterstützen. Von der persönlichen Bestandsaufnahme, über die Erstellung Ihrer Bewerbungsunterlagen, bis hin zum Vorstellungsgespräch – wir begleiten Sie Schritt für Schritt auf dem Weg zu Ihrem Wunschberuf. Sie entwickeln ein starkes individuelles Profil, mit dem es Ihnen gelingen wird, sich eindrucksvoll aus der Flut der Bewerbungen hervorzuheben. Und dies ist schließlich die Kunst im Bewerbungsprozess.

Eine aktuelle Studie des Beratungsunternehmens von Rundstedt, in der mehr als 1000 Unternehmen aller Größen und Branchen befragt wurden, ergab, dass Personalverantwortliche mit Bewerbern und Bewerbungen häufig unzufrieden sind. Die Gründe dafür sind vielfältig: Vielen Bewerbern ist nicht bewusst, dass mit der sorgfältig geplanten Stellensuche auch ein neuer Lebensabschnitt eingeleitet wird. Von Personalmanagern und Fachvorgesetzten wird immer häufiger die fehlende inhaltliche Verbindung zwischen Beruf und Berufung beklagt ebenso wie die schlechte Vorbereitung der Bewerbung.

Die geschilderten Eindrücke aus den Personalabteilungen stimmen mit den Erfahrungen aus unserer Beratertätigkeit überein. Viele Bewerber sind sich ihrer persönlichen Kompetenzen nicht bewusst und können sich daher im Bewerbungsprozess nur unzureichend „verkaufen“. Insbesondere Bewerberinnen neigen dazu, ihre Stärken zu unterschätzen. Sie halten an der überlieferten „angebrachten Bescheidenheit“ fest. Ein Verhalten, das sich im Rahmen des notwendigen Selbstmarketing in der Bewerbungsphase schnell rächt.
Auch orientieren sich die Bewerbungen kaum am konkreten Bedarf des jeweiligen Unternehmens. Passgenaue Beschreibungen der geforderten Kenntnisse und Erfahrungen sind äußerst rar.

Für das Bewerbungsverfahren ist es jedoch entscheidend, dass die Bewerber die Anforderungen der ausgeschriebenen Position erkennen und bereits im Anschreiben individuell und überzeugend begründen, warum sie sich für geeignet halten. Gleichzeitig ist es angebracht, Wertschätzung und persönliches Interesse hinsichtlich des potenziellen Arbeitgebers auszudrücken. Aber auch Authentizität und Glaubwürdigkeit spielen eine große Rolle. Es wird erwartet, dass sich der Bewerber oder die Bewerberin einerseits stärkenorientiert und positiv präsentiert, aber andererseits nicht zu sehr übertreibt.

Für die Bewerber ist das natürlich ein schwieriges Unterfangen, mit der Konsequenz, dass viele Personalchefs eine zu starke Orientierung an Bewerbungsratgebern beklagen – die vollständige Übernahme von Musterformulierungen inklusive.
Natürlich finden Sie auch in diesem Ratgeber Formulierungshilfen und anschauliche Beispiele aus der Praxis. Dennoch sind wir sicher, dass es Ihnen aufgrund der umfangreichen Übungen, Tipps und Checklisten gelingt, Ihren eigenen Weg zu gehen.
Bitte nehmen Sie sich ausreichend Zeit, um die einzelnen Kapitel schriftlich durchzuarbeiten. So erhalten Sie eine komplette und abgerundete Darstellung Ihres Werdegangs und werden in der Lage sein, Ihre Kompetenzen und Stärken anschaulich und selbstbewusst zu präsentieren und alle Herausforderungen auf dem Weg zu Ihrem Wunschberuf erfolgreich zu meistern.

Wir wünschen Ihnen dabei viel Freude und Erfolg.

Ulrike Kraemer-Schwinn
und
Wolfgang Stader

1. Wo stehe ich, wo will ich hin?

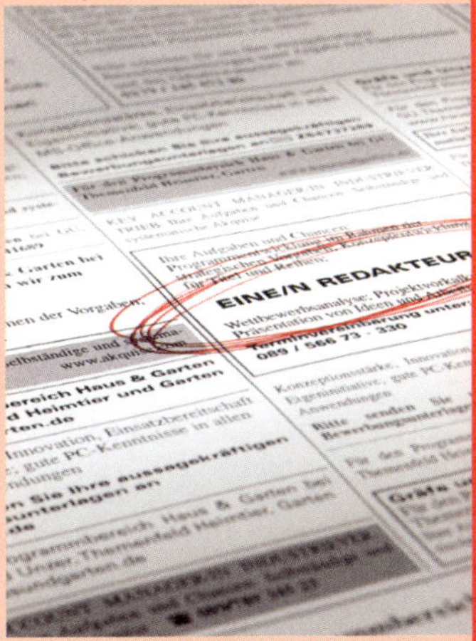

8

9

»Wähle einen Beruf,
den du liebst,
und du brauchst keinen
Tag in deinem Leben
mehr zu arbeiten.«

Konfuzius,
chinesischer Philosoph

Wo stehe ich, wo will ich hin?

Starten Sie durch mit Ihrer Bewerbung

Glück zählt zu den erstrebenswertesten Gütern eines jeden Menschen. Aus diesem Grund beginnt der erste Schritt zu diesem Ziel an dem Ort, an dem Sie die meiste Zeit des Tages verbringen, nämlich an Ihrem Arbeitsplatz.
Ihren „Traumjob“ erkennen Sie daran, dass Ihre fachlichen Kenntnisse und Fähigkeiten sowie Ihre persönlichen Merkmale und Stärken möglichst genau dem Anforderungsprofil Ihres Arbeitsplatzes entsprechen.
Das bedeutet, dass Sie aufgrund Ihrer Stärken die dort anfallenden Aufgaben gerne und leicht ausführen und in die Praxis umsetzen. Sie fühlen sich wohl an Ihrem Arbeitsplatz und Einsatzort. Sie ergänzen und verstehen sich mit Ihren Kollegen. Sie erhalten die Anerkennung, die Ihnen wichtig ist. Das Gehalt steht in einem angemessenen Verhältnis zu Ihren Aufgaben. Sie sind motiviert, gehen gerne zur Arbeit und Ihre Tätigkeit vermittelt Ihnen ein gutes Selbstwertgefühl.
Allerdings erfordert das Ziel, den „richtigen Job“ zu finden, bereits ab dem ersten Schritt von Ihnen die Bereitschaft, Einsatz und Engagement in dieses Vorhaben zu investieren. Stellen Sie sich bewusst darauf ein, dass die Verantwortung für die Jobsuche ganz bei Ihnen liegt! Sonst geraten Sie mit der Zeit unmerklich in eine passive Rolle („In der heutigen Wirtschaftslage gibt es ja doch keine Jobs mehr.“), die Sie entmutigt und Sie davon abhält, immer wieder einen neuen Versuch in Richtung Traumjob zu starten.
Zugegeben: Es werden in den nächsten Wochen und Monaten Hindernisse zu überwinden sein und für Bequemlichkeit bleibt leider kaum Zeit. Am besten stellen Sie sich bei auftretenden Schwierigkeiten die Frage: „Was kann ICH gerade jetzt tun, um mein Ziel zu erreichen?“ Das motiviert Sie immer wieder neu und hilft Ihnen auch dabei, kürzere und längere „Durststrecken“ auf dem Weg zum Traumjob zu überstehen. Machen Sie sich immer klar, wie entscheidend für die Stellensuche ist, dass Sie eine aktive Rolle einnehmen. Wenn Sie nicht in Sachen Traumjob am Ball bleiben, wer dann?
Lassen Sie sich nicht entmutigen, wenn Sie bei den Online- oder Print-Jobbörsen nicht gleich das passende Stellenangebot entdecken. Wie Sie auf den folgenden Seiten sehen werden, führen auch bei der Stellensuche viele Wege nach Rom – wichtig ist, dass Sie jeden Tag etwas in Sachen Traumjob unternehmen.

Varianten der Stellensuche

Nur noch etwa 30 Prozent der offenen Stellen werden über öffentliche Stellenanzeigen oder Internetjobbörsen vergeben. Viel mehr können Sie inzwischen durch andere Suchstrategien (etwa gezieltes Netzwerken) erreichen. Nutzen Sie die Stellenbörsen als einen Weg der Jobsuche und entwickeln Sie parallel dazu ein Strategiepaket, das Ihrer Persönlichkeit entspricht. Richten Sie die Art Ihrer Suche auch nach den Gepflogenheiten der gewünschten Branche und Position aus.

Die Printmedien

Tageszeitungen und Zeitschriften bieten Ihnen zweierlei:
Einmal berichten sie aktuell über das derzeitige Wirtschaftsgeschehen, Sie erhalten Informationen über Neugründungen, Expansionen oder aber Fusionen. Wichtige Unternehmensvertreter äußern sich zu Themen wie Planung und Wachstum.
Zum anderen finden Sie im Anzeigenteil die von den Unternehmen offen ausgeschriebenen Stellenangebote. Positionen für leitende Angestellte in großen und internationalen Unternehmen werden hauptsächlich in überregionalen Tageszeitungen wie der FAZ, der Welt und der Süddeutschen Zeitung publiziert. Stellenangebote aus dem Lehr- und Forschungsbereich werden in der Regel in der Zeit veröffentlicht, regionale Stellenanzeigen dagegen in den Wochenendausgaben der örtlich ansässigen Tageszeitungen.
Auch wöchentlich oder monatlich erscheinende Wirtschaftsmagazine sowie Fachzeitschriften beinhalten häufig die Rubrik Stellenanzeigen.
Für eigene Stellengesuche fragen Sie sich: „Wer liest was?" Auch hier gibt es fast unzählige Möglichkeiten. Vor allem über Publikationen der Handwerkskammern, IHK, Verbände, Gewerkschaften oder Stadtmagazine lassen sich die gewünschten Zielgruppen gut erreichen.

Die Nachschlagewerke

Geeignete Unternehmen finden Sie beispielsweise über Branchenbücher, Gelbe Seiten, Wer liefert was?, Hoppenstedt, Adressbuch Wirtschaft, Handbuch der Großunternehmen. Die Auflistungen von Behörden und Verbänden lassen sich sämtlich im Oeckl, dem Taschenbuch des öffentlichen Lebens, nachlesen. Da die Anschaffung dieser Nachschlagewerke sehr kostspielig ist, leihen Sie diese am besten in einer öffentlichen Bibliothek aus.

Das Internet

Das Internet bietet inzwischen eine kaum noch überschaubare Auswahl an Jobbörsen.

Zu den großen überregionalen Internetbörsen zählen:

- www.arbeitsagentur.de
- www.jobpilot.de
- www.jobscout24.de
- www.karrieredirekt.de
- www.monster.de
- www.rekruter.de
- www.stellenmarkt.de
- www.stepstone.de
- www.worldwidejobs.de
- Unter www.jobsandjobs.de finden Sie an die 500 Internetstellenmärkte, sortiert nach Alphabet, Branche oder Region.
- www.jobrobot.de durchforstet etwa 100 Stellenbörsen im Internet.
- Auf den Websites der großen Tageszeitungen und Wirtschaftsmagazine wie www.job.zeit.de, www.faz.net, www.sueddeutsche.de oder www.wiwo.de finden Sie neben Stellenbörsen auch interessante Karriere- und Bewerbungstipps.
- Als ergiebige Stellenbörsen für den regionalen Stellenmarkt sind zu empfehlen www.opusforum.org und www.meinestadt.de.

Um Kosten zu sparen, suchen zahlreiche Unternehmen nur noch über ihre eigenen Web-Sites. Besuchen Sie deshalb die Seiten der Unternehmen, die Sie interessieren. Neben ausgeschriebenen offenen Stellen finden Sie dort zum Beispiel auch Ankündigungen zu unternehmenseigenen Veranstaltungen, Messen oder Berufseinsteigerprogrammen.

Die Personaldienstleister

Suchen Sie möglichst den Kontakt zu Personaldienstleistern. Gute Headhunter haben sich in der Regel auf bestimmte Branchen spezialisiert und suchen mit profundem Hintergrundwissen den geeigneten Kandidaten für die entsprechende Position. Sie vermitteln hauptsächlich Fach- und Führungskräfte, einige werden aber auch schon in niedrigeren Gehaltsklassen aktiv. Adressen von Personaldienstleistern und Headhuntern finden Sie unter www.rekruter.de oder kostenpflichtig unter www.consultants.de.

Die Zeitarbeitsfirmen

Zeitarbeit kann durchaus eine gute Chance für den Einstieg in den Job bieten, da sich hierdurch Möglichkeiten eröffnen, unterschiedliche Unternehmen kennen zu lernen. Aber auch durch die niedrigeren Einstiegsgehältern, die sich an den jeweiligen Tarifen orientieren, kann eine Anstellung bei einer Zeitarbeitsfirma der erste Schritt zur Festanstellung sein. Immer öfter stellen Unternehmen im kaufmännischen Bereich sowie in der Produktion nur noch über Zeitarbeit ein, allerdings mit der Option auf eine langfristige Übernahme nach drei bis sechs Monaten.

Sprechen Sie daher mit den großen Anbietern vor Ort, und erkundigen Sie sich, ob es sich um eine reine Arbeitnehmerüberlassung handelt oder auch die Möglichkeit einer Festanstellung besteht.

Die Initiativbewerbung

Da lange nicht mehr alle vakanten Stellen ausgeschrieben werden, zahlt sich Initiative im Vorfeld aus. Allerdings haben Initiativ- und Blindbewerbungen nur eine Gemeinsamkeit: Die Bewerbung wird nämlich ohne eine öffentliche Stellenausschreibung an ein Unternehmen versandt. Bei Blindbewerbungen handelt es sich jedoch üblicherweise um Massenrundschreiben mit ähnlichem Text, die unaufgefordert an Unternehmen verschickt werden.
Bei der Initiativbewerbung hat sich der Bewerber dagegen im Vorfeld über das Unternehmen informiert, den Personalbedarf sondiert, allgemeine Informationen über das Unternehmen recherchiert und den Namen des Empfängers in Erfahrung gebracht.
Große Unternehmen freuen sich darüber, dass durch Initiativbewerbungen Engagement und Motivation deutlich werden, ganz besonders bei Hochschulabsolventen und Young Professionals. Aber auch kleinere Unternehmen kalkulieren Initiativbewerbungen bei ihrer Personalplanung ein und schreiben die Stellen deswegen nicht aus.

Networking

Dieser aus den USA stammende neudeutsche Begriff bedeutet nichts anderes als systematisch Beziehungen zu pflegen und sie auch zu nutzen – in der erklärten Absicht, sich gegenseitig zu fördern.
Beinahe zwei Drittel aller Stellen finden Sie im so genannten verdeckten Arbeitsmarkt, denn diese Stellen werden nicht öffentlich ausgeschrieben. Um an Informationen über diese Stellen zu gelangen, benötigen Sie ein breites Netzwerk sozialer Beziehungen.

› Tipp

Seien Sie kommunikativ, üben Sie sich in Smalltalk. Lernen Sie, Ihr Anliegen klar und deutlich zu formulieren. Halten Sie Kontakte per Telefon, Brief, E-Mail und persönliche Treffen, und vergessen Sie nicht, sich für die Unterstützung durch Ihre Networking-Partner zu bedanken.

Derjenige, der über Kontakte erfolgreich in einen neuen Job startet, ist häufig auch für die konkrete Position besser geeignet, da er in der Lage ist, Beziehungen zu pflegen. Das Talent im Umgang mit Menschen zählt zu den gefragtesten sozialen Kompetenzen in beinahe allen Bereichen eines Unternehmens. Üben Sie sich daher ganz bewusst im Networking:

- Pflegen Sie vorhandene Kontakte, und sammeln Sie Visitenkarten.
- Notieren Sie sich, in welchem Unternehmen Ihre Freunde, Bekannten, Verwandten, früheren Kollegen oder Ausbilder arbeiten und über welche Kontakte sie verfügen könnten.
- Laden Sie Menschen, die für Sie interessant sein könnten, zu einem Essen ein, am besten zusammen mit Freunden, die in diese Runde passen.
- Werden Sie aktiv. Wer beim Networking erfolgreich sein will, kommt an Mitgliedschaften nicht vorbei. Verbände gibt es für jede Berufssparte, Vereine für Sport und Hobby, Kirche, klassische Berufsverbände, Wohlfahrtsverbände, Parteien oder auf bestimmte Themen spezialisierte Netzwerke.
- Mischen Sie sich unter die Leute – egal, ob es sich um Partys, Geburtstagsfeiern, Wiedersehenstreffen, Stadtfeste, Straßenfeste, Opern, Theater, Veranstaltungen zum Thema Weiterbildung, Vorträge oder Treffen mit ehemaligen Kollegen handelt.

Messen, Veranstaltungen, Kongresse

Messen gibt es in jeder Größe und zu jedem Thema. Hier treffen Sie Entscheider und in der Regel zu Beginn der Messe auch Personalverantwortliche. Unter www.auma.de finden Sie eine Auflistung sämtlicher Messen von regional bis international nach Branchen geordnet. Über die Links zu den einzelnen Veranstaltungen gelangen Sie schnell zu Ausstellerverzeichnissen.
Ebenso interessant sind Kongresse und Veranstaltungen zu Themen Ihrer Branche, die über Wirtschaftsverbände, Fachzeitschriften, in Tageszeitungen und natürlich im Internet angekündigt werden. Bereiten Sie einen Messebesuch gründlich vor:

- Mit welchen Firmen möchten Sie Kontakt aufnehmen? Informieren Sie sich detailliert über diese Unternehmen und Ansprechpartner.
- Klären Sie durch vorherige Telefonate mit der Marketingabteilung, die meistens für die Personaleinteilung zuständig ist, an welchen Tagen Ihr Ansprechpartner anwesend ist.
- Vereinbaren Sie – wenn möglich – Gesprächstermine, und erarbeiten Sie sich einen Zeitplan mit Pufferzeiten.
- Bereiten Sie sich intensiv auf die Gespräche vor. Denn es handelt sich hierbei um Verkaufsgespräche, in denen Sie sich erfolgreich vermarkten können.
- Halten Sie Ihre Visitenkarte bereit, und lassen Sie sich ebenfalls die Ihrer Gesprächspartner geben.
- Verteilen Sie nicht unnötig sperrige Bewerbungsmappen, sondern erfragen Sie, wohin Sie die ausführlichen Unterlagen schicken können.

Übersicht

Fragen zu Ihrer Jobsuche

Diese Fragen helfen Ihnen, sich über jobspezifische Aspekte klar zu werden:

Zum Unternehmen

- Welche Art des Unternehmens bevorzugen Sie?
- Sind Ihnen flache oder ausgeprägte Hierarchien lieber?
- Finden Sie ein nationales oder internationales Unternehmen interessanter?
- Welche Unternehmensgröße ist Ihnen angenehmer (klein, mittelständisch, groß)?
- Wie wichtig ist Ihnen die Unternehmensphilosophie?
- Ist Ihnen eine bestimmte Branche wichtig?

Zur Mobilität

- Wie weit sind Sie bereit zu fahren?
- Wären Sie bereit, für den passenden Job umzuziehen?
- Bevorzugen Sie ein Land, eine Stadt oder einen Ort ganz besonders?
- Wären Sie bereit, geschäftlich zu verreisen?

Zum Arbeitsalltag

- Möchten Sie eher selbst- oder fremdbestimmt arbeiten?
- Wie viel Routine soll Ihr Arbeitsalltag haben?
- Wie viel Verantwortung möchten Sie übernehmen?

Zum Gehalt

- Wie wichtig sind Ihnen Anerkennung und/oder Bezahlung?
- Wie wichtig sind Ihnen Status-Symbole (Dienstwagen, Laptop)?
- Würden Sie sich erfolgsabhängig bezahlen lassen?

Zur Sicherheit

- Welche Bedeutung hat Sicherheit für Sie?
- Was verstehen Sie unter Sicherheit im Job?

Zur Weiterbildung

- Ist Ihnen Weiterbildung wichtig?
- Welche konkreten Angebote erwarten Sie von Ihrem zukünftigen Arbeitgeber?

Zur Arbeitszeit

- Wie hoch kann Ihre zeitliche Belastung sein?
- Wie viel Zeit benötigen Sie für sich, Ihre Familie und Freizeit?

Ihre persönliche Bestandsaufnahme

Sind Sie bei Ihrer Jobrecherche auf eine interessante Anzeige gestoßen und möchten sich nun mit einer überzeugenden Bewerbung vorstellen? Dann lassen Sie zunächst – unter verschiedenen Gesichtspunkten – Ihr Berufsleben Revue passieren. Denn der erste Schritt einer zielorientierten Bewerbung ist ein intensiver Blick auf die bisherige Karriere. Dadurch machen Sie sich selbst, aber auch dem zukünftigen Arbeitgeber deutlich, wer Sie sind und was Sie können. Die Ergebnisse dieser Bestandsaufnahme bilden die Grundlage Ihres erfolgreichen Selbstmarketings.
Unterteilen Sie Ihre Biografie in einzelne Kapitel mit folgenden Überschriften, und notieren Sie:

Fachliche Kompetenzen (Hard Skills)

Darunter versteht man die so genannten objektiv „messbaren" Kompetenzen, die Sie sich durch Schule, Ausbildung, Spezialisierung, Seminare und berufliches Know-how erworben haben:

- Welche fachlichen Kenntnisse haben Sie sich durch Ihre Berufstätigkeit und deren Schwerpunkte angeeignet?
- Haben Sie sich durch Ihre Tätigkeit spezielles Branchenwissen angeeignet, durch das Sie sich auszeichnen?

> **Tipp**
>
> Um Ihr Fachwissen Ihrem zukünftigen Arbeitgeber mit den passenden „Schlüsselworten" darzustellen, nutzen Sie am besten die Internetseiten der Arbeitsagentur. Auf der Website www.arbeitsagentur.de finden Sie in der Rubrik BERUFEnet unter dem Stichwort „Tätigkeit" einen Kompetenzenkatalog, der Ihnen sehr detailliert mögliche Fachkenntnisse aufzählt.

- Gab es Ausbildungsschwerpunkte?
- Verfügen Sie über Spezialwissen?
- Sind Sie Experte auf bestimmten Fachgebieten?
- Haben Sie sich Zusatzkenntnisse neben Ihrer Ausbildung angeeignet?
- Gibt es Themen, die Sie besonders interessieren?
- Verfügen Sie über Fachwissen durch Hobbys oder andere „unbezahlte" Tätigkeiten?

Ihre Persönlichkeit (Soft Skills)

Die Soft Skills, mit anderen Worten Ihre persönlichen Stärken, beinhalten die Fähigkeit und das Wissen, mit Menschen und Entscheidungen umgehen zu können. Ein anderer Ausdruck für Soft Skills, „Heart Skills", macht deutlich, worum es geht. Für die Qualität der Soft Skills ist nämlich weniger der Intelli-

genzquotient und das Fachwissen als vielmehr der Grad der emotionalen Intelligenz verantwortlich.
Soft Skills sind alle Fähigkeiten, die neben der reinen Fachkompetenz den beruflichen und privaten Erfolg bestimmen. Dazu zählen vor allen Dingen soziale Kompetenz und Ihre kommunikativen und methodischen Fähigkeiten. Grundlage für die Bildung und Entwicklung der Soft Skills ist die Achtsamkeit – die Eigenschaft, eigene Stimmungen und Stimmungsnuancen sowie die unserer Mitmenschen wahrzunehmen.
Auf die weichen Faktoren legen Personalexperten besonderen Wert, da die unterschiedlichen Facetten Ihrer Persönlichkeit darüber entscheiden, ob Sie zu dem angeforderten Profil, in das Team und das Unternehmen passen.

Erkennen Sie Ihre Stärken an Ihren persönlichen Erfolgen

Aus Ihren fachlichen und persönlichen Kompetenzen lassen sich nun Ihre individuellen Stärken ermitteln, durch die Sie sich deutlich von Ihren Mitbewerbern unterscheiden. Dazu ist es hilfreich, sich an persönliche Erfolge zu erinnern:

- Wo und wann hatten Sie an einer Tätigkeit ganz besonderen Spaß, wurden Sie besonders gelobt und waren Sie besser als der Durchschnitt?
- Wie haben Sie Probleme gelöst, an denen andere gescheitert sind?

> **› Tipp**
>
> Schätzen Sie Ihre Fachkenntnisse und Ihre persönlichen Kompetenzen realistisch ein. Um zu überprüfen, ob Ihr Selbstbild mit dem Ihrer Umwelt übereinstimmt, bitten Sie Kollegen, Partner und Freunde um deren Einschätzung. Suchen Sie praktische Beispiele aus Ihrem Arbeitsleben, anhand derer sich Ihre Fähigkeiten belegen lassen.

- In welchen Bereichen fallen Ihnen Dinge einfach zu?

Wenn Sie beispielsweise:

- die Hochzeit Ihrer Freundin organisiert haben,
- Ihrem Chef in einer stressigen Zeit die Termine geordnet, Abläufe strukturiert und kleinere Aufgaben selbst übernommen haben,
- die letzte Tagung komplett selbst gemanagt haben,

dann finden Sie als roten Faden immer wieder eine Ihrer Schlüsselqualifikationen, nämlich Ihr Organisationstalent. Wenn es Ihnen schwer fällt, Ihre persönlichen Erfolge aufzulisten, dann machen Sie den folgenden Selbst-Test. Er hilft Ihnen dabei, Ihre individuellen Stärken und Talente herauszufinden und zu verbessern.

Selbst-Test: Wo liegen Ihre Stärken und Talente?

Welcher dieser Aussagen stimmen Sie zu?
Bitte kreuzen Sie die mit der jeweiligen Zahl gekennzeichneten Felder an.

+2 = stimmt fast immer | **0 = weiß nicht** | **-1 = stimmt manchmal**
+1 = stimmt häufig | **-2 = stimmt fast nie**

Merkmal 1

	+2	+1	0	-1	-2
a) Ich nehme die Dinge gern selbst in die Hand.					
b) Wenn ich meine Meinung sage, begründe ich sie auch.					
c) Es ist mir wichtig, von anderen anerkannt zu werden.					
d) Neue Aufgaben empfinde ich als Herausforderung.					
e) Oft weiß ich nicht, warum ich eigentlich zur Arbeit gehe.					
f) Sinnvolle Aufgaben, die meinen Werten entsprechen, begeistern mich.					
g) Ich freue mich jeden Tag darauf, zur Arbeit zu gehen.					

Merkmal 2

	+2	+1	0	-1	-2
a) Ich fühle mich oft vom Arbeitsanfall überrollt.					
b) Häufig sitze ich vor einem Berg von Arbeit – und weiß gar nicht, wo ich anfangen soll.					
c) Auch in schwierigen Situationen weiß ich, dass ich es schaffen werde.					
d) Sehr arbeitsintensive Situationen empfinde ich als besondere Herausforderung.					
e) Es geht mir oft so elend, dass ich morgens kaum noch aus dem Bett komme.					

f) Bei Schwierigkeiten gebe ich schnell auf.					
g) Ich habe einfach keine Zeit für Entspannungsübungen oder Sport.					

Merkmal 3

	+2	+1	0	-1	-2
a) Ich bin bereit, Opfer zu bringen, um persönliche Ziele zu erreichen.					
b) Ich habe Spaß an Aufgaben, die mich herausfordern.					
c) Bezahlung nach Leistung finde ich angemessener als nach Stunden.					
d) Ich arbeite nur, weil ich Geld verdienen muss.					
e) Ich möchte gerne mehr leisten als andere.					
f) Ich arbeite immer nur gerade so viel, wie es unbedingt sein muss.					
g) Weiterbildung und Wissenserweiterung machen mir sehr viel Spaß.					

Merkmal 4

	+2	+1	0	-1	-2
a) Neue Menschen zu treffen inspiriert mich.					
b) Es fällt mir leicht, einen Fremden nach der Uhrzeit zu fragen.					
c) Es macht mir Spaß, Gäste einzuladen und sie zu unterhalten.					
d) Nach einer anstrengenden Arbeitswoche entspanne ich mich gerne mit Freunden.					
e) Auf neue Menschen zu treffen ist mir eher unangenehm.					
f) Gute Neuigkeiten bei der Arbeit erzähle ich sofort den Kollegen.					

	+2	+1	0	-1	-2
g) In Diskussionen kann ich andere dahin lenken, wo ich sie haben möchte.					

Merkmal 5

	+2	+1	0	-1	-2
a) In einer Gruppe trage ich gerne dazu bei, gute Ideen einzubringen.					
b) Ich arbeite lieber mit anderen als allein.					
c) Wenn es um Lösungen von Aufgaben im Team geht, trage ich viel dazu bei.					
d) Ich finde es interessant, Vorschläge und Ideen von Kollegen zu hören.					
e) Ich arbeite lieber unabhängig, da durch Zusammenarbeit nur Zeitverzögerungen entstehen.					
f) Ich arbeite gerne mit unterschiedlichen Menschen zusammen.					
g) Die persönliche Anerkennung ist mir wichtiger als der anonyme Erfolg in einer Arbeitsgruppe.					

Merkmal 6

	+2	+1	0	-1	-2
a) Ich stelle gern Verbindungen zwischen Ideen her, die nicht offensichtlich sind.					
b) Mir sind gewohnte Strukturen lieber als häufige Änderungen.					
c) Alltägliche Arbeitsroutine langweilt mich.					
d) In festgefahrenen Situationen kann ich ohne Mühe neue Ideen und Strategien entwickeln.					
e) Ich mag es, wenn die Dinge so bleiben, wie sie sind.					
f) Über neue eigene Projekte freue ich mich.					
g) Neue Ideen zu entwickeln fällt mir schwer.					

Merkmal 7

	+2	+1	0	-1	-2
a) Ich kann Bedürfnisse meiner Mitmenschen erahnen, noch bevor sie mich etwas fragen.					
b) Ich versuche immer, die Dinge aus der Warte meines Gegenübers zu betrachten.					
c) Im persönlichen Dialog richte ich viele Fragen an meinen Gesprächspartner.					
d) Bei Verhandlungen versuche ich immer einen Weg zu finden, mit dem alle Parteien zufrieden sind.					
e) Mich interessiert die Sache und nicht die Gefühle meines Gegenübers.					
f) Bei sachlichen Auseinandersetzungen überlege ich, ob nicht auch persönliche Gründe in dem Konflikt eine Rolle spielen.					
g) Ich bleibe bei meiner Meinung, egal was andere sagen.					

Merkmal 8

	+2	+1	0	-1	-2
a) Ich erledige im Laufe eines Tages meist alles, was ich mir vorgenommen habe.					
b) Ich überlege, in welchen Schritten ich Dinge angehe, und mache mich vorher damit vertraut.					
c) Wenn mehrere Dinge gleichzeitig auf mich zukommen, habe ich das Gefühl, es geht nichts mehr.					
d) Hindernisse setzen bei mir zusätzliche Kräfte frei.					
e) Ich entwickle gerne effiziente Arbeitsmethoden.					
f) Ich arbeite auch an Aufgaben weiter, wenn andere aufgegeben haben.					
g) Unvorhergesehenes bringt mich schnell aus der Fassung.					

Auswertung des Selbst-Tests

Addieren Sie die Punkte der jeweiligen Merkmale. Bei den separat angegebenen Fragen tauschen Sie bitte die Vorzeichen, Sie erhalten also -2 Punkte, wenn Sie +2 angekreuzt haben.
Sie erhalten bei jedem Merkmal ein Ergebnis zwischen +14 und -14 Punkten. Je höher Ihr Ergebnis bei einem Merkmal ist, desto ausgeprägter ist diese Kompetenz bei Ihnen. Sie liegen im oberen Bereich? Gratulation. Wenn nicht, halb so schlimm. Verstehen Sie den Test als Anregung, um die betreffenden Soft Skills zu optimieren.

Merkmal 1: Motivation

Addieren Sie a, b, c, d, f und g. Tauschen Sie das Vorzeichen von e.
Motivierte Mitarbeiter sind das A und O eines Unternehmens. Verstanden wird darunter die Bereitschaft, Aufgaben und Anforderungen mit Intensität und Dauerhaftigkeit auszuüben. Besonders gefragt ist die intrinsische Motivation, bei der die Handlung an sich bereits Belohnung genug ist und die Antriebskräfte Neugier, Spaß und Interesse sind.

Merkmal 2: Stressresistenz

Addieren Sie c und d. Tauschen Sie die Vorzeichen von a, b, e, f und g.
In der heutigen Zeit ist Stressresistenz sehr gefragt. Viele Aufgaben konzentrieren sich auf einen Mitarbeiter, gleichzeitig werden Stellen abgebaut. Ihr Arbeitgeber setzt Sie mit hohen Anforderungen unter Druck. Wichtig ist es, Ruhe zu bewahren und seine Aufgaben gelassen zu erledigen. Sorgen Sie durch Ausgleichssport und Entspannungsübungen für die innere Balance.

Merkmal 3: Leistungs- und Lernbereitschaft

Addieren Sie a, b, c, e und g. Tauschen Sie die Vorzeichen von d und f.
Ausgeprägte Leistungsbereitschaft zählt ebenfalls zu den Kernanforderungen jedes Unternehmens. Nur wer Engagement und Einsatzbereitschaft zeigt, ist für den potenziellen Arbeitgeber interessant. Wichtig ist die aktive Übernahme von Aufgaben, um Unternehmensziele durch persönlichen Einsatz zu erreichen und zu verwirklichen. Mitarbeiter, die innerlich gekündigt haben, sind für ein Unternehmen nicht effizient.

Merkmal 4: Kommunikation

Addieren Sie a, b, c, d, f und g. Tauschen Sie das Vorzeichen von e.
In jedem Unternehmen haben Sie es mit Kunden, Kollegen und Mitarbeitern aus anderen Abteilungen zu tun. Nur wer in der Lage ist, sich verbal gut auszudrücken, Dinge klar und sachlich darzustellen und auch offen auf andere zuzugehen, kann in diesen komplexen

Strukturen bestehen. Neben der Kontaktfähigkeit zählen allerdings auch die Fähigkeiten, aktiv zuhören zu können und auf andere Personen einzugehen, zu den wichtigen Eigenschaften eines kommunikationsfähigen Mitarbeiters.

Merkmal 5: Teamfähigkeit

Addieren Sie a, b, c, d und f. Tauschen Sie die Vorzeichen von e und g.
Durch immer komplexere Strukturen und die Notwendigkeit, bereichsübergreifend zu arbeiten, ist Teamarbeit unerlässlich. Gefragt ist hier Ihre Fähigkeit, sich anzupassen, sich aktiv zu beteiligen und gemeinsam Lösungen zu entwickeln. Stellen Sie jedoch ebenfalls unter Beweis, dass Sie Unternehmensinteressen auch gegen Widerstände vertreten und durchsetzen können, ohne andere dabei zu überrollen.

Merkmal 6: Kreativität

Addieren Sie a, c, d und f. Tauschen Sie die Vorzeichen von b, e und g.
Arbeitsabläufe und Routinen bilden zwar die notwendige Basis eines jeden Unternehmens, reichen aber zur Bewältigung der Aufgaben bei weitem nicht aus. Ein sich mehr und mehr verschärfender Wettbewerb und erhöhte Kundenanforderungen verlangen nach Menschen, die – wenn es nötig ist – über Gewohntes hinausgehen können und kreativ nach neuen Lösungen oder Produkten suchen.

Merkmal 7: Emotionale Intelligenz

Addieren Sie a, b, c, d und f. Tauschen Sie die Vorzeichen von e und g.
Der IQ gilt oft als ein Erfolgsfaktor. Nach neuesten Erkenntnissen ist aber die emotionale Intelligenz eines Menschen viel ausschlaggebender für seinen persönlichen und beruflichen Erfolg. Emotionale Intelligenz beschreibt einerseits Selbstmanagement und Selbsterfahrung und andererseits Kompetenzen und Fähigkeiten im Umgang mit anderen Menschen. Menschen mit einer hohen emotionalen Intelligenz sind beruflich sehr erfolgreich, da sie gut mit Menschen umgehen können und über hohe Führungsqualitäten verfügen.

Merkmal 8: Belastbarkeit

Addieren Sie a, b, d, e und f. Tauschen Sie die Vorzeichen von c und g.
Belastbar zu sein bedeutet, Niederlagen zu verkraften, nicht immer den Weg des geringsten Widerstands zu gehen, sondern auch mal die Zähne zusammenzubeißen und eine hohe Arbeitsbelastung gut zu bewältigen. Diese Art von Leistungsfähigkeit erfordert Selbstdisziplin, geistige Konzentration, Stressresistenz und Ausgeglichenheit. Das bedeutet nicht, dass völlige Emotionslosigkeit der optimale Ausdruck einer hohen Belastbarkeit ist. Sich gelegentlich zu ärgern ist auf jeden Fall besser, als alles still in sich „hineinzufressen“.

Übersicht

Ihre Stärken und Talente auf einen Blick

Tragen Sie nun Ihre Werte in diese Abbildung ein und verbinden Sie die einzelnen Werte miteinander, um Ihr Stärkenprofil zu erhalten.
Sie sehen sofort, wo Ihre Stärken liegen, aber auch – im roten Bereich – wo Sie noch Nachholbedarf in Sachen Soft Skills haben.

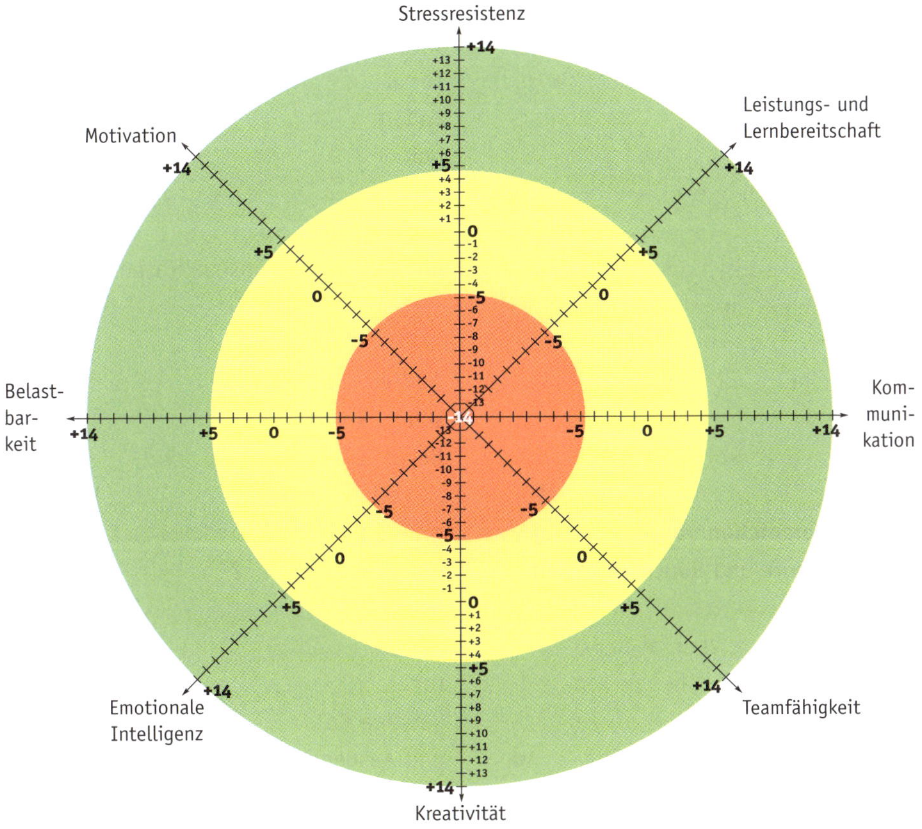

Aktion/Übung

Positionieren Sie sich

Nachdem Sie eine erste Bestandsaufnahme gemacht haben, wissen Sie, was Sie zu bieten haben und welche Branche und Unternehmensform für Sie infrage kommen. Nun brauchen Sie nur noch Ihr eigenes Produkt, nämlich Ihre Arbeitsleistung, zu verkaufen.

Dazu erstellen Sie – ebenso wie ein guter Verkäufer, der seine Zielgruppe genau kennt – eine Bedarfsanalyse der potenziellen Unternehmen, um später bei Ihrer Selbstpräsentation (siehe Seite 26 ff.) genau auf die gewünschten Anforderungen eingehen zu können.

Versetzen Sie sich in Ihren zukünftigen Arbeitgeber und notieren Sie Ihre Antworten:

- Welches Profil sollte ein Bewerber haben, der die Position gut ausfüllen würde?

- Welche Basisqualifikationen würden Sie erwarten, welche zusätzlichen fachlichen Qualifikationen wären wünschenswert?

- Welche Soft Skills hielten Sie in dieser Position für unverzichtbar?

- Welche Eigenschaften würden Sie sich von einem potenziellen Mitarbeiter wünschen, wenn Sie sich entschlossen hätten, ein bestimmtes Monatsgehalt für die Besetzung dieser Position zu zahlen?

- Zeigen Sie selbst Engagement und Aufmerksamkeit? Sind Sie in der Lage, sich auf die Bedürfnisse Ihres Kunden, Chefs oder Vorgesetzten einzustellen?

- Wo und wie haben Sie in Ihrem bisherigen Berufsleben dazu beigetragen, die Unternehmensziele zu erreichen oder zu verbessern?

- Welchen Nutzen bringen Sie Ihrem neuen Arbeitgeber?

- Wie lautet Ihre Kernbotschaft, die Sie von Ihren Mitbewerbern unterscheidet?

- Welche Sparten werden von anderen Bewerbern offensichtlich vernachlässigt?

- Welche Varianten der bereits oben genannten Möglichkeiten der Stellensuche möchten Sie nutzen und kombinieren?

- Gibt es Menschen in Ihrem Umkreis, die Sie unterstützen oder deren Hilfe Sie in Anspruch nehmen können?

- Gibt es Referenzen, die Sie nutzen können?

- Welche Möglichkeiten haben Sie, mit den Unternehmen in Kontakt zu treten?

- Wie gestalten Sie die Kommunikation zu diesen Unternehmen?

Ihre Selbstpräsentation im Bewerbungsverfahren

Mit Hilfe Ihrer Bestandsaufnahme haben Sie sich selbst Ihre fachlichen und persönlichen Kompetenzen noch einmal klar verdeutlicht. Nun brauchen Sie nur noch Ihren Ansprechpartner im Bewerbungsprozess von Ihren Qualitäten zu überzeugen.
Dazu haben Sie oft Gelegenheit, denn während des gesamten Verlaufs der Bewerbung werden Sie immer wieder dazu aufgefordert, sich kurz, prägnant und aussagekräftig zu präsentieren. Diese Kurzvorstellung wird sich wie ein roter Faden durch Ihre gesamte Bewerbung ziehen. Sie ist die Vorstufe Ihres Anschreibens. Darüber hinaus ist sie zentraler Inhalt des Telefon-Interviews und des Vorstellungsgesprächs. Aber auch im Rahmen eines Assessment-Centers (AC) werden Sie häufig darum gebeten, Ihren Karriereweg und Ihre Qualifikationen zu skizzieren.

Den eigenen Auftritt vorbereiten

Dieser Kurzvortrag in eigener Sache wird von Personal- und Karriereberatern als Selbstpräsentation bezeichnet.
Aufbau und Struktur sind im Grunde recht einfach und orientieren sich an folgenden Aspekten Ihrer bisherigen Berufskarriere:

- *Qualifikationsprofil:* Welche Berufsausbildung und Berufserfahrung bringen Sie mit?
- *Fähigkeitsprofil:* Für welche Aufgaben waren Sie bisher zuständig, und welche fachlichen Kompetenzen haben Sie dabei eingebracht?
- *Leistungsprofil:* Welche besonderen Leistungen zeichnen Sie aus?
- *Persönlichkeitsprofil:* Was sind Ihre persönlichen Stärken?

Die Kunst der optimalen Selbstdarstellung besteht darin, das eigene Bewerberprofil mit den Anforderungen der neuen Position in Einklang zu bringen. Auf den folgenden Seiten haben Sie nun die Gelegenheit, Schritt für Schritt Ihre persönliche Selbstpräsentation zu entwickeln. Orientieren Sie sich dabei zunächst an unseren Beispielen aus der Praxis. Denken Sie aber daran, dass es sich dabei um Musterantworten handelt, die immer nur eine erste Hilfestellung – und daher nur eine Krücke – sind. Erarbeiten Sie also eine individuelle Selbstdarstellung, die Sie von der Masse der Bewerber abhebt. Dadurch wirken Sie authentisch und können im Bewerbungsverfahren entscheidend punkten.

1. Aller Anfang ist leicht

Da Ihre aktuelle Tätigkeit für die Bewerbung von hoher Entscheidungsrelevanz ist, beginnen Sie am besten mit Ihrem derzeitigen Beschäftigungsverhältnis

(Position, Unternehmen und eventuell Abteilung bzw. Betriebsteil).
Wenn Sie in einer Branche arbeiten, die dem Geschäftsbereich Ihres Wunschunternehmens entspricht oder ähnelt, kann es sinnvoll sein, wenn Sie kurz die Produkt- oder Dienstleistungspalette Ihres derzeitigen Unternehmens skizzieren. Danach folgt eine ausführliche Darstellung Ihrer Aufgaben in Ihrer jetzigen Position. Verlieren Sie sich aber nicht zu sehr im Detail, sondern konzentrieren Sie sich auf das Wesentliche. Falls Sie zurzeit arbeitslos sein sollten, gehen Sie bitte auf Ihren vorherigen Betrieb ein.

Beispiele

- „Seit vier Jahren bin ich als Schichtführer im Hohl- und Kaltprofilwerk der ‚Muster-AG' tätig. In der Hohlprofilfertigung werden hochfrequenzgeschweißte Standard- und Spezialprofile aus Bandstahl hergestellt, die im Automobil- und Maschinenbau zum Einsatz kommen. Als Schichtführer leite ich ein Team von 28 Mitarbeitern im Drei-Schichtbetrieb. Neben der Überwachung der Arbeitsabläufe bin ich für die Arbeitseinteilung, die Kontrolle der Zeitvorgaben und die Einhaltung der geforderten Qualitätsmerkmale zuständig. In meinen Verantwortungsbereich fallen darüber hinaus auch Wartung und Pflege der Produktionsanlagen."
- „Bei der Synergie Versicherungs-AG war ich als Kundenbetreuerin neben der Beratung und Betreuung des Kundenstamms auch für die Konzeption von bedarfsorientierten Lösungen und Angeboten verantwortlich."

Jetzt sind Sie am Zug: Nennen Sie Ihre aktuelle Position (eventuell auch Unternehmen, Abteilung und Branche) und Ihre Kernaufgaben in dieser Tätigkeit.

Falls Sie mit dieser Aufgabe Schwierigkeiten haben, sammeln und lesen Sie doch ab heute Stellenanzeigen aus Tageszeitungen und Fachzeitschriften oder dem Internet für Ihr Berufsfeld. Hier finden Sie wichtige Schlüsselbegriffe aus Ihrem Tagesgeschäft. Wenn Sie erst einmal einige Stellenanzeigen ausgewertet haben, dann wird Ihnen die kurze Darstellung Ihrer Kernaufgaben keine Probleme mehr bereiten.

Mit einschlägigen Schlüsselbegriffen in Ihrer Selbstpräsentation sichern Sie sich noch einen weiteren Vorteil: Ihr Ansprechpartner erhält einen schnellen Einblick in Ihr Qualifikationsprofil – ein entscheidender Trumpf gegenüber Ihren Mitbewerbern.

2. Ihre Verkaufsargumente

Machen Sie deutlich, warum die Position, für die Sie sich bewerben, genau die richtige für Sie ist. Warum bewerben Sie sich gerade bei diesem Unternehmen? Arbeiten Sie Erfahrungen und Aufgabengebiete heraus, die einen engen Bezug zu den Anforderungen des Stellenprofils haben. Sie können hier sowohl Tätigkeiten aus dem Tagesgeschäft, aber auch Sonderaufgaben oder die Mitarbeit in Projekten auflisten. Auch entsprechende Fort- und Weiterbildungsmaßnahmen verdeutlichen Ihr Interesse an der ausgeschriebenen Position.

Beispiele

- „In Zusammenarbeit mit den Fachabteilungen war ich sowohl für die Bedarfsplanung als auch für den Einkauf und die Disposition der Fertigungs- und Verbrauchsmaterialien mitverantwortlich."
- „Meine Berufserfahrungen decken sich mit den fachlichen Anforderungen Ihrer Stellenausschreibungen: Häufig habe ich die Vertretung des Werkspersonalleiters übernommen. In den Bereichen Projektplanung, -controlling und -abschluss verfüge ich über umfassende Erfahrungen, da mir häufig die Leitung von abteilungsübergreifenden Projekten übertragen wurde (zum Beispiel die Reorganisation einzelner Abteilungen, die Einführung neuer Arbeitszeitmodelle, die Umstellung der Hostbasierten Betriebssoftware auf SAP/R3)."

Jetzt haben Sie die Gelegenheit, die Erfahrungen aus Ihrer Berufspraxis und die Anforderungen der angestrebten Stelle aufeinander abzustimmen. Präsentieren Sie Ihrem Ansprechpartner die Argumente, die ihm helfen, eine Entscheidung zu Ihren Gunsten zu treffen:

3. Ihr beruflicher Werdegang

Gehen Sie nun auf Ihre bisherige Karriere ein. Welche Stationen waren für Ihren beruflichen Erfolg von zentraler Bedeutung? Zeigen Sie Ihre Leistungs- und Erfolgsmotivation, indem Sie darstellen, wie Sie sich im Laufe Ihrer Berufstätigkeit stetig weiterentwickelt haben.

Beispiele

- „Vor meiner jetzigen Tätigkeit war ich bei den Forum-Werken als Sachbearbeiter in der Auftragsleitstelle beschäftigt. Zu meinen Aufgaben gehörte die Auftragsklärung und Kapazitätsplanung mit den Abteilungs- und Gruppenleitern sowie die terminliche Überwachung der Konstruktionsaufträge. Davor war ich drei Jahre lang in der Arbeitsvorbereitung tätig."
- „Vor meinem Aufstieg zur fachlichen Leiterin der Pestalozzi-Familienbildungsstätte habe ich fünf Jahre lang als Bildungsreferentin in der politischen Jugend- und Erwachsenenbildung gearbeitet. Im Rahmen dieser Tätigkeit war ich für die Durchführung von Tagungen und Trainings – inklusive ihrer inhaltlichen und didaktisch-methodischen Vorbereitung – verantwortlich. Vor meinem Studium der Sozialpädagogik habe ich drei Jahre lang als pädagogische Fachkraft für die Kölner Jugendhilfe gearbeitet. Voraussetzung hierfür war meine Ausbildung zur Erzieherin."

Jetzt sind Sie wieder am Zug:

4. Soft Skills

Da im Berufsalltag Fachwissen allein nicht mehr ausreicht, gehen Sie zum Abschluss Ihrer Kurz-Präsentation auf Ihre persönlichen Fähigkeiten ein. Welche außerfachlichen Kompetenzen zeichnen Sie als zukünftigen Mitarbeiter des Unternehmens aus (siehe Selbst-Test Seite 17 ff.)? Natürlich ist es wünschenswert, dass auch dieser Teil Ihrer Persönlichkeit einen Bezug zu Ihrem neuen Arbeitsplatz hat. Zählen Sie aber Ihre persönlichen Fähigkeiten nicht nur auf, sondern belegen Sie sie mit konkreten Beispielen, ohne dabei zu übertreiben.

Negativbeispiele

- „Ich bin immer hoch motiviert und verfüge über eine herausragende Teamorientierung."
- „Meine Arbeitsweise zeichnet sich stets durch ein hohes Maß an Selbstdisziplin und Gewissenhaftigkeit aus."

Häufig ist es völlig ausreichend eine aussagekräftige Situation aus Ihrem Berufs- und Privatleben zu schildern. Aus anschaulichen Beispielen kann Ihr Gesprächspartner auch auf Ihre individuellen Stärken schließen.

Positivbeispiele

- „Ich bin zuverlässig und belastbar: Auch in den so genannten Produktionsspitzen bleibe ich organisiert und konzentriert. Als Gruppenleiter weiß ich, wie wichtig ein eingespieltes Team ist, in dem alle an einem Strang ziehen und sich gegenseitig unterstützen."
- „In meiner Freizeit engagiere ich mich als Schiedsmann. Es gelingt mir regelmäßig, zwischen den Konfliktparteien zu vermitteln und dadurch eine gerichtliche Auseinandersetzung zu vermeiden."
- „Meine Arbeitsweise ist geprägt durch Einsatzbereitschaft und Zuverlässigkeit: Die mir übertragenen Aufgaben habe ich regelmäßig vor Ablauf der Terminierung erfüllt. Da ich es gewohnt bin, mit unterschiedlichen Produktionsteams zusammenzuarbeiten, können Sie bei mir Kollegialität und Flexibilität voraussetzen."
- „Aufgrund meiner langjährigen Praxis in der Kreditvergabe sind sicheres und verbindliches Auftreten für mich selbstverständlich."

Ihre Antworten:

____

____

____

____

____

____

____

____

____

____

____

____

Mit Ihrer Bestandsaufnahme und der Selbstpräsentation haben Sie sich konkret vor Augen geführt, was Sie bisher schon geleistet haben, wo Ihre Stärken und Talente liegen. Mit dieser Vorbereitung sind Sie nun gut gewappnet, um mit Ihrer schriftlichen Bewerbung ins Rennen zu gehen.

2. Die Bewerbungs-unterlagen

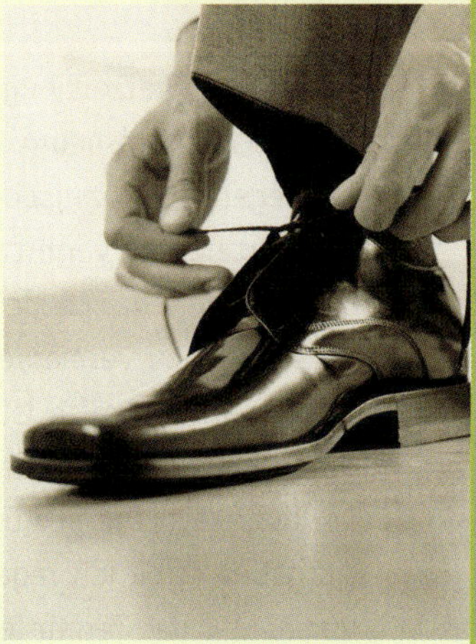

»Erfolg besteht darin,
dass man genau
die Fähigkeit hat,
die im Moment
gefragt ist.“

Henry Ford,
amerikanischer Automobilhersteller

Die Bewerbungsunterlagen

Bewerben heißt auch werben

Gerade in Zeiten konjunktureller Schwäche und hoher Arbeitslosigkeit ist die aussagekräftige und ansprechende Bewerbungsmappe eine echte Herausforderung. Die Personalabteilungen der so genannten Dax-30-Unternehmen – also die Top-Adressen der deutschen Wirtschaft – erhalten jährlich mehrere 10.000 Bewerbungen. Aber auch bei kleinen und mittelgroßen Unternehmen gehen zurzeit auf eine Stellenausschreibung etwa 400 Bewerbungsschreiben ein. Der Bewerbungsprozess wird daher mehr und mehr zur Fließbandarbeit.
Mit anderen Worten: Der Weg zu Ihrem Traumjob ist harte Arbeit. Dennoch bietet er auch Chancen. Hier können Sie deutlich machen, dass Sie mit den formalen und inhaltlichen Anforderungen des Bewerbungsverfahrens vertraut sind. Durch professionell und informativ gestaltete Unterlagen bleiben Sie im Rennen um die begehrte Position.
Ihre Bewerbungsunterlagen sind die erste Arbeitsprobe für das Unternehmen. Ein erfahrener Personalbeauftragter entnimmt der schriftlichen Bewerbung wichtige Hinweise zu Ihrer Person und Ihrer Arbeitsleistung. Er erkennt, ob Sie in der Lage sind, die an Sie gestellten Anforderungen sorgfältig, erfolgreich und souverän zu bewältigen.
Machen Sie daher Ihre Bewerbungsmappe zum Verkaufsprospekt in eigener Sache. Unterbreiten Sie Ihrem zukünftigen Arbeitgeber ein Angebot, das er nicht ablehnen kann, indem Sie Ihre Persönlichkeit, Ihr Wissen und Ihre Arbeitskraft – prägnant und „kundenorientiert“ – bewerben. Auf diese Weise wird es Ihnen gelingen, Ihren Ansprechpartner davon zu überzeugen, dass es sich lohnt, Sie näher kennen zu lernen.

Darf's denn etwas kreativer sein?

Aus unseren Erfahrungen mit Personalentscheidern der unterschiedlichsten Branchen wissen wir, dass für die schriftliche Bewerbung generell gilt, dass die Unterlagen vollständig, ordentlich und informativ sein müssen. Einen Königsweg gibt es für das Bewerbungsverfahren jedoch nicht. Schließlich sind Personalmanager auch nur Menschen mit ganz individuellen Ansichten und Vorlieben.
Oft weisen Sie Bewerbungsratgeber auf kreative Elemente wie farbiges Papier, großformatige Fotos, auf das Unternehmen abgestimmte Verzierungen oder CD-ROMs zur Eigenpräsentation hin. Dies alles soll dazu dienen, sich aus der Flut der Bewerbungen positiv abzu-

heben. Prinzipiell ist hiergegen natürlich nichts einzuwenden. In der Praxis zeigt sich allerdings, dass Personalverantwortliche eher konservativ veranlagt sind.
Von Ihnen wird daher in erster Linie erwartet, dass die Bewerbungsmappe benutzerfreundlich und übersichtlich ist. Ausnahmen sind natürlich in den kreativ-gestalterischen Berufsfeldern wie Werbung, PR oder Mode denkbar und vielfach auch erwünscht. Allerdings machen Sie mit einer eher klassischen Präsentation auch hier nichts falsch. Wenn Sie sich dennoch für eine etwas auffälligere Bewerbungsvariante entscheiden, achten Sie bitte darauf, dass die formalen Standards stimmen (wie Vollständigkeit der Unterlagen, korrekte Absenderangaben ...). Anderenfalls besteht auch bei einer ansonsten überzeugenden Kreativbewerbung die Gefahr, dass Ihre Mappe schnell wieder aus dem Rennen ist.
In diesem Kapitel erfahren Sie, wie es Ihnen gelingt, Ihre Berufsbiografie selbstbewusst und zielgerichtet auf Ihren künftigen Arbeitgeber auszurichten, ohne dabei die „goldene Mitte" aus den Augen zu verlieren.

Was Sie alles brauchen

Um die hohe Anzahl an Bewerbungsschreiben in den Griff zu bekommen, werden gerade in größeren Betrieben die Unterlagen mehrmals gefiltert. In einem ersten Schritt beschäftigt man sich hier nur etwa 30 Sekunden mit dem einzelnen Bewerber. Geprüft werden letzte Position, Abschluss, Alter und Vollständigkeit der Unterlagen. Auch hoch qualifizierte Bewerber scheitern häufig bereits an den formalen Tücken des Bewerbungsverfahrens. Tatsächlich erhalten nur 10 Prozent der Bewerber die begehrte Einladung für einen Termin zum Vorstellungsgespräch.
In den meisten Stellenanzeigen werden Sie aufgefordert, mit „vollständigen", „kompletten", „aussagekräftigen" oder „den üblichen" Unterlagen in das Bewerbungsrennen zu gehen. Nehmen Sie diese Angaben ernst, damit Ihre Bewerbung nicht bereits in der „ersten Runde" scheitert.
Die vollständigen Unterlagen beinhalten:

- das persönliche Anschreiben,
- eventuell ein Deckblatt,
- das professionelle Bewerbungsfoto,
- den Lebenslauf,
- eventuell die Dritte Seite,
- Zeugniskopien Ihrer bisherigen Arbeitsverhältnisse,
- gegebenenfalls Praktikumsbescheinigungen,
- berufsqualifizierende Zeugnisse in Kopie (Ausbildung und Hochschule),
- Nachweise über Weiterbildungen und Zusatzqualifikationen (zum Beispiel Seminare, Sprachkurse und Computerlehrgänge).

Übersicht

Das Wichtigste zuerst

1. Verwenden Sie hochwertiges Papier:
Weißes 90- bis 100-Gramm-Papier in guter Qualität wirkt edel und seriös.

2. Nutzen Sie für Ihre Unterlagen einen guten Drucker:
Achten Sie auf eine hohe Qualität Ihrer Ausdrucke. Zerlaufende Tinte und ein uneinheitliches Druckbild sind ärgerlich.

3. Wählen Sie eine ansprechende Präsentation:

- Benutzen Sie für Anschreiben und Lebenslauf nur eine Schriftart.
- Achten Sie auf gute Lesbarkeit und Übersichtlichkeit, um dem Leser eine schnelle erste Orientierung zu ermöglichen. Ihre Unterlagen sollten durch klare Gliederungen und optisch gut voneinander getrennte Absätze auffallen.
- Eine gute Lesbarkeit erreichen Sie auch durch angemessene Seitenränder (links etwa 2,5 bis 3 und rechts etwa 2 Zentimeter).
- Wählen Sie einen angenehmen und klaren Schrifttyp wie Times New Roman, Arial oder Courier. Die Schriftgröße beträgt mindestens 11 Punkt. Vermeiden Sie exotische und verspielte Schriften.
- Verwenden Sie Stilmittel und Akzente wie Kursiv- und Fettschrift eher sparsam. Der Umfang Ihrer Kreativität orientiert sich an der Branche und der angestrebten Position.

4. Rechtschreibfehler und andere Fettnäpfchen sind tabu:

- Schreib- und Tippfehler sind immer eine negative Arbeitsprobe. Wer in seinen eigenen Angelegenheiten schludrig vorgeht, hinterlässt schnell den Eindruck, dass er auch bei anderen wenig Sorgfalt an den Tag legt. Verlassen Sie sich daher nicht auf die Rechtschreibhilfe Ihres PCs, sondern lassen Sie zumindest eine Person Korrektur lesen („Vier-Augen-Prinzip“).
- Entscheiden Sie sich für die neue Rechtschreibung: Auch wenn hier noch viel Verwirrung herrscht, haben doch die meisten Firmen bereits auf die neue Schreibweise umgestellt.
- Verbessern Sie nicht in Ihren Unterlagen (bitte keine Korrekturen mit Tipp-Ex!).
- Verwenden Sie immer neue Fotokopien. Manchen Bewerbungen sieht man an, dass sie bereits eine weite Reise hinter sich haben. Damit steigt die Wahrscheinlichkeit, dass Sie eine Absage erhalten.

Die Bewerbungsmappe

Wer die Wahl hat, hat die Qual. Das scheint besonders für das große Angebot an Bewerbungsmappen zu gelten. Es gibt sie aus Plastik und Pappe, mit Spiralbindung, in bunter und aufwändiger oder schlichter Ausführung. Auch preislich ist fast alles vertreten: teure Varianten kosten etwa 15 Euro.
Bei der Auswahl Ihrer Mappe sollten Sie in erster Linie auf die Benutzerfreundlichkeit achten. Absolut praxistauglich sind einfache Plastikhefter mit einem Klemm-Mechanismus am linken Rand. Einzelne Unterlagen können leicht aus der Mappe herausgenommen und wieder eingefügt werden. Zudem sind Ihre Bewerbungsschreiben gut vor Knicken und Verschmutzung geschützt.
Das Geld für aufwändige vorgefertigte Bewerbungsmappen aus Pappe (die nach verschiedenen Seiten aufklappbar sind) können Sie sich sparen. Sie gelten bei vielen Personalentscheidern als kompliziert und unpraktisch.
Achten Sie bitte auch auf einen seriösen Gesamteindruck. Für die meisten Branchen eignen sich neutrale und zurückhaltende Farben wie dunkelblau, weinrot, weiß oder grau. Verschicken Sie keine Mappen in schrillen Farbtönen. Aber auch Schwarz ist – außer in der Werbung oder im Architekturbereich – nicht jedermanns Sache.

Zwar war es bis in die 90er Jahre hinein durchaus üblich, jedes Dokument einzeln in eine Klarsichthülle zu stecken, heute gilt es jedoch, möglichst wenig Plastik zu verwenden. Mit dem „Eintüten" in separate Hüllen gelingt es Ihnen, ganze Personalabteilungen zum Stillstand zu bringen. Benutzen Sie auch keine Büroklammern, da diese sich häufig mit anderen Unterlagen verhaken. Beschränken Sie sich auf gute Kopien, die Sie direkt in Ihre Mappe einlegen.
Ganz wichtig: Entfernen Sie bitte auch das Preisetikett von Ihrer Mappe.

Die Reihenfolge der Unterlagen

Um Ihrem Ansprechpartner eine schnelle Orientierung zu ermöglichen, stellen Sie die Unterlagen am besten folgendermaßen zusammen:

1. **Das Anschreiben.** Legen Sie dieses Dokument nur locker auf die Mappe oder (besser) lose unter den Mappendeckel. Das Anschreiben bleibt üblicherweise in der Personalabteilung, während die Mappe an andere Entscheidungsträger weitergeleitet wird. Außerdem haben Sie Anspruch darauf, im Fall einer Absage, die Mappe (ohne Anschreiben) zurückzuerhalten. Mit dem lose eingelegten Anschreiben erleichtern Sie Ihrem Ansprechpartner also seine Arbeit (Seite 39 ff.).

2. Dahinter folgt – abgeheftet – eventuell ein **Deckblatt** (Seite 59 ff.).
3. Weiter geht es mit Ihrem **Lebenslauf** (Seite 65 ff.).
4. Eine Extraseite mit Ihrer Selbstbeschreibung ist wiederum Geschmackssache. Personalbeauftragte sprechen hier von der **Dritten Seite** der Bewerbung (Seite 86 ff.).
5. Wenn Sie Berufserfahrung besitzen, dann ordnen Sie **Arbeitszeugnisse** (Seite 89 f.) und Nachweise über Praktika vor den sonstigen Leistungsnachweisen und den Ausbildungsabschlüssen ein. Ordnen Sie Ihre Arbeitszeugnisse in zeitlicher Abfolge. Beginnen Sie mit den aktuellen Belegen, und gehen Sie dann chronologisch zurück.
6. Fügen Sie nun **Zertifikate über Weiterbildungen** an. Dies können firmeninterne Seminare, aber auch Fortbildungsmaßnahmen wie eine Zusatzausbildung sein. Für Bewerbungen in der Wissenschaft kann eine Liste der Veröffentlichungen entscheidend sein.
7. Unten in der Mappe liegen Ihre **berufsqualifizierenden Abschlüsse** (etwa ein Facharbeiterbrief oder ein Hochschulabschluss). Als Bewerber mit langjähriger Berufserfahrung können Sie Schulabschlüsse weglassen. Praktikumsnachweise aus der Zeit des Studiums können Sie nach Ihrem Hochschulabschluss zufügen.
8. **Sonstige Unterlagen.** Arbeitsproben legen Sie Ihrer Mappe generell nur dann bei, wenn diese Unterlagen ausdrücklich gewünscht werden. Gleiches gilt selbstverständlich auch für ein polizeiliches Führungs- oder ein Gesundheitszeugnis.

> › Tipp
>
> Stellen Sie bereits jetzt Ihre Bewerbungsmappe mit allen relevanten Unterlagen zusammen. In den folgenden Kapiteln können Sie nun überprüfen, ob Ihre Mappe den üblichen Standards des Bewerbungsverfahrens entspricht. Zudem haben Sie eine Kopiervorlage, mit der Sie schnell auf neue Stellenanzeigen reagieren können.

Das Anlagenverzeichnis

Falls Ihre Mappe sehr dick ist, können Sie mit einem Anlagenverzeichnis für bessere Orientierung sorgen. Dieses Verzeichnis heften Sie vor den Arbeitszeugnissen in Ihre Mappe.

Bedenken Sie aber: Weniger ist oft mehr. Ihre Kompetenz beweisen Sie nicht durch das möglichst hohe Gewicht Ihrer Bewerbungsmappe, sondern durch ihren Inhalt. Beachten Sie daher bereits bei der Zusammenstellung Ihrer Unterlagen die Anforderungen der Stellenausschreibung. Damit zeigen Sie auch, dass Sie Prioritäten setzen können. Auch Nach-

weise über 1-Tages-Seminare und VHS-Kurse, die mit der angestrebten Position nicht direkt etwas zu tun haben, sind überflüssig. Orientieren Sie sich auch hier an dem Leser Ihrer Unterlagen, der sich durch eine Flut von Bewerbungen kämpfen muss.
Grundsätzlich gilt: 1 Euro 44 Cent Porto sind genug.

Beispiel Anlagenverzeichnis

Anlagen

Arbeitszeugnisse

- Zentrox AG, Bielefeld
- Borsch Holding, Gelsenkirchen
- Trosse-Werke GmbH & Co. KG, Essen

Praktika

- Berger Service GmbH, Köln
- Tröger und Partner, Düsseldorf

Weiterbildung

- im Bereich EDV
- im Bereich Controlling
- im Bereich Chance Management

Ausbildungszeugnisse

- Diplom-Betriebswirt (FH)
- Ausbildung zum Industriekaufmann

Sonderfall: Die Kurzbewerbung

In einigen Stellenanzeigen werden Sie dazu aufgefordert, lediglich eine Kurzbewerbung zu verschicken. Hier begnügt sich der Personalentscheider mit einem ersten Eindruck und fordert bei Interesse weitere Unterlagen an.
Die Kurzbewerbung beinhaltet:

- das Anschreiben,
- den Lebenslauf (als Anlage zum Anschreiben),
- ein Bewerbungsfoto (empfehlenswert, aber kein Muss).

Mit dem Verschicken von unaufgeforderten Kurzbewerbungen sollten Sie lieber zurückhaltend sein. Sie sind keinesfalls ein Ersatz für die kompletten Bewerbungsunterlagen.

Verpackung und Versand

Legen Sie bitte auch bei der Verpackung großen Wert auf den Gesamteindruck Ihrer Bewerbung:

- Um Knicke zu vermeiden, verwenden Sie am besten einen Umschlag mit verstärktem Papprücken im Format DIN C4. Auf besonders exquisites Versandmaterial können Sie verzichten, da gerade in größeren Betrieben die Briefe bereits in der Poststelle geöffnet werden.
- Achten Sie auf eine ausreichende Frankierung. Für 1,44 EUR können Sie derzeit einen Großbrief bis 500 Gramm verschicken.
- Bitte benutzen Sie keine Post-Sonderzustellungen wie Einschreiben oder Eilzustellung.

Das Anschreiben

Das Anschreiben ist der individuellste Teil der Bewerbung und wird daher häufig auch als die Visitenkarte des Bewerbers bezeichnet. Das Anschreiben ist jedoch wesentlich mehr: Mit ihm bringen Sie Ihre zentralen „Verkaufsargumente" auf den Punkt. Sie machen deutlich, warum gerade Sie die oder der Richtige für die zu besetzende Position sind. Verstehen Sie dieses Schriftstück daher als Werbetext in eigener Sache. Etwa 70 Prozent der Personalverantwortlichen messen dem Anschreiben eine sehr große Bedeutung im Bewerbungsverfahren bei. Deshalb trennt sich in der Praxis bereits an dieser Stelle die Spreu vom Weizen. Das Anschreiben entscheidet nämlich regelmäßig darüber, ob die anderen Bewerbungsunterlagen überhaupt noch zur Kenntnis genommen werden.

Da das Bewerbungsschreiben in erster Linie Selbstmarketing bedeutet, können Sie gerade mit dieser Seite Ihre Fähigkeit unter Beweis stellen, adressaten- und nutzenorientiert zu denken und zu formulieren. Welchen Vorteil hat das Unternehmen, wenn es Sie einstellt? Welche Kompetenzen und Erfahrungen bringen Sie mit?

Und vor allem: Warum bewerben Sie sich gerade für diese Stelle? Im Fokus des Anschreibens stehen also Ihre authentische Bewerbungsmotivation und die präzise Beschreibung der Highlights aus Ihrem Lebenslauf. Überzeugen Sie durch Fakten, die einen konkreten Bezug zur angestrebten Position haben.

Das klingt alles sehr kompliziert? Wenn Sie so denken, sind Sie nicht allein. Mit dem Anschreiben tun sich viele Bewerber erfahrungsgemäß sehr schwer.

Häufig hören wir von Bewerbern, dass das Anschreiben nur eine Formsache sei, da sich schließlich sämtliche Qualifikationen aus dem Lebenslauf und den Zeugnissen ergeben würden. Dieses Argument ist für Arbeitgeber allerdings nicht sonderlich überzeugend. Ihnen kommt es, neben den fachlichen Fähigkeiten, auch auf die Persönlichkeit des potenziellen Mitarbeiters an. Anhand des Anschreibens gewinnt ein erfahrener Personalbeauftragter bereits einen guten ersten Eindruck von der Motivation, dem Engagement und der Arbeitsweise des Bewerbers.

Trotz der hohen Relevanz des Bewerbungsschreibens können Sie allerdings ganz gelassen bleiben: Mit Ihrer Selbstpräsentation (siehe Seite 26 ff.) haben Sie bereits einen wesentlichen Schritt für ein gelungenes Anschreiben gemacht. Mit dem folgenden Muster und unseren Textbausteinen wird es Ihnen gelingen, sich perfekt in Szene zu setzen. Nutzen Sie Ihre Chance, sich mit einem aussagekräftigen Anschreiben deutlich von der Masse der Bewerber abzuheben. Machen Sie Ihrem Ansprechpartner Lust auf mehr.

Übersicht

Muster für ein Anschreiben

Absender ①
(ggf. Titel) Vor- und Nachname
Straße und Hausnummer
PLZ und Wohnort
Telefon/Faxnummer (evtl. mit Hinweis auf Anrufbeantworter oder Uhrzeit)
evtl. Mobilfunknummer
evtl. E-Mail-Adresse

Adressat ②
Unternehmen (mit richtiger Rechtsform)
Abteilung
Name des Ansprechpartners
Straße/Hausnummer oder Postfach
PLZ und Ort

Ort, Datum ③

Betreffzeile ④
Bezugszeile

Anrede ⑤
Einleitung ⑥
Hauptteil mit Selbstpräsentation und Motivation für die Bewerbung ⑦
wenn gefordert: Gehaltsvorstellung und Eintrittstermin ⑧
Schlussteil ⑨

Grußformel ⑩

Eigenhändige Unterschrift ⑪

Anlagenvermerk ⑫

Das 1x1 des Anschreibens

① Briefkopf/Absenderangaben

Geben Sie Ihre vollständige Postanschrift und Ihre Telefonnummer an (eventuell auch die Faxnummer). Um Fragen oder Terminabsprachen für ein Vorstellungsgespräch klären zu können, vermerken Sie auch, wann Sie am besten zu erreichen sind.
Beispiel: „02 23/45 38 06 ab 17 Uhr"
Geben Sie auch an, falls sich bei Ihnen ein Anrufbeantworter melden sollte.
Beispiel: „02 23/45 38 06 (AB)"
Gerade wenn Sie tagsüber nur schwer erreichbar sind, nennen Sie bitte auch eine Handynummer.
Eine E-Mail-Adresse sollte prinzipiell neutral sein. Also bitte keine „Nicknames" oder andere Spitznamen, mit denen Sie eventuell im Internet unterwegs sind (wie „kr.bulldozer@web.de). Die optimale Kombination beinhaltet den Vor- und Zunamen. Beispiel: „klaus.rheine@web.de"

② Adressat

Achten Sie darauf, dass die Firmenanschrift vollständig ist. Geben Sie auch die korrekte Rechtsform des Unternehmens an (zum Beispiel GmbH, GmbH & Co. KG, AG). Nennen Sie die Abteilung innerhalb des Betriebes und – wenn möglich – Ihren Ansprechpartner. Machen Sie hier keine Flüchtigkeitsfehler! Der Umgang mit Details innerhalb der Firmenanschrift ist auch ein deutliches Signal für Ihre Sorgfalt im Berufsalltag.

③ Ort/Datum

Geben Sie das aktuelle Datum an und versenden Sie Ihre Unterlagen noch an diesem, spätestens am folgenden Tag.

④ Betreff- und Bezugszeile

Sie ersparen Ihrem Ansprechpartner unnötige Arbeit, wenn Sie den Anlass Ihres Schreibens kurz und prägnant formulieren.

- Die Betreffzeile enthält die Position, für die Sie sich bewerben.
- In der Bezugszeile nennen Sie die Fundstelle der Stellenanzeige (Zeitung, Jobbörse im Internet, Homepage des Unternehmens etc.) und das Erscheinungsdatum.
- Beispiel:
  Bewerbung als Marketingassistentin
  Ihre Anzeige im Aachener Anzeiger vom ...
- Geben Sie möglichst auch die Kennziffer des Inserats an.
- Falls Sie vorab mit Ihrem Ansprechpartner telefoniert haben, beziehen Sie sich auch auf dieses Telefonat.

Berücksichtigen Sie, dass die Angaben „Betreff" oder „Betr." heute nicht mehr üblich sind. Lassen Sie diese Begriffe daher weg, und heben Sie stattdessen die Zeilen fett oder kursiv hervor.

⑤ (Persönliche) Anrede

Vermeiden Sie die geläufige Anrede: „Sehr geehrte Damen und Herren". Sie zeigt, dass Sie nur unzureichend recherchiert haben. Sprechen Sie den Empfänger des Schreibens direkt an. Das ist freundlicher und persönlicher.
Wenn Ihr Ansprechpartner in der Stellenausschreibung nicht namentlich genannt wird, können Sie sich auf der Homepage des Unternehmens informieren. Sollte auch diese Methode nicht zum gewünschten Erfolg führen, dann können Sie in der Telefonzentrale des Betriebs anrufen. Lassen Sie sich jedoch den Namen Ihres Ansprechpartners im Zweifel immer buchstabieren. Am Telefon versteht man häufig nur die Namen, die man sowieso schon kennt.
Vielleicht haben Sie auch den Mut, sich zu dem zuständigen Personalverantwortlichen durchstellen zu lassen, um zusätzliche Informationen über die zu besetzende Position zu erhalten.
Dadurch zeigen Sie Engagement und Interesse und erwerben häufig einen wichtigen Startvorteil gegenüber Ihren Mitbewerbern. Doch Vorsicht: Nicht alle Personalverantwortlichen freuen sich über Anrufe von Bewerbern. Hier gilt die Regel: Wenn die Telefonnummer in der Anzeige angegeben ist, dann dürfen Sie guten Gewissens anrufen.
Achten Sie auch bei der schriftlichen Anrede auf einen eventuellen Titel und die korrekte Schreibweise des Namens. Nach der Anrede setzen Sie ein Komma. Danach geht es klein weiter.

⑥ Einstieg/Einleitung

Beginnen Sie mit einem Satz, mit dem Sie das Interesse des Lesers wecken. Also bitte keine Standardfloskeln à la „Hiermit bewerbe ich mich …". Nichts ist frustrierender, als bei hunderten von Bewerbern immer wieder die gleiche Eröffnung zu lesen.
Bewährt hat sich der Verweis auf ein vorab geführtes Telefonat. Eine derartige Formulierung wird verhindern, dass ein Mitarbeiter der Personalabteilung Ihre Unterlagen bereits in der ersten Runde aussortiert. Motto: Aha, der Bewerber hat mit dem „Chef" telefoniert. Sie können aber auch kurz die Position, für die Sie sich bewerben, ansprechen oder sich auf den Anlass Ihrer Bewerbung beziehen. Oder Sie starten eher ungewöhnlich, nämlich direkt mit einer Ihrer Stärken oder mit Ihrem Wissen über das Unternehmen. Auf allzu große Lobhudeleien wie „Sehr geehrte Frau Seifert, wen würde es nicht reizen, in einem führenden Unternehmen der Unterhaltungsindustrie zu arbeiten, in dem der Mensch im Mittelpunkt steht?" sollten Sie dabei jedoch verzichten. Viele Personalverantwortliche fühlen sich mittlerweile von derartigen Formulierungen eher abgestoßen als umworben.
Orientieren Sie sich zunächst an den folgenden Formulierungen:

Einleitende Formulierungen

Eröffnungen bei vorheriger Kontaktaufnahme

- „Nochmals vielen Dank für das freundliche und informative Telefonat vom ... Wie besprochen, schicke ich Ihnen heute meine Bewerbungsunterlagen."
- „Über Ihr Interesse an meiner Bewerbung freue ich mich."
- „Besten Dank für die telefonischen Informationen zu der Stelle des ... (Berufsbezeichnung) in Ihrem Unternehmen."
- „Bezogen auf das nette und ausführliche Telefonat vom ... und den ersten Abgleich meines Profils, bewerbe ich mich um die Position des ..."
- „Ihre telefonischen Erläuterungen haben mich in meinem Wunsch bestärkt, als ... für Ihr Unternehmen tätig zu werden."
- „Von Frau XY hörte ich, dass Sie Ihr Referententeam verstärken möchten."
- „Auf Empfehlung Ihres Kollegen, Herrn Lüders, sende ich Ihnen meine Bewerbungsunterlagen."

Eröffnungen ohne vorherigen Kontakt:

- „Mit großem Interesse habe ich Ihre Anzeige gelesen und möchte mich Ihnen als ... (Berufsbezeichnung) vorstellen."
- „In Ihrer oben genannten Anzeige beschreiben Sie einen Aufgabenbereich, der mich sehr interessiert."
- „Ihr Stellengesuch hat mich sehr angesprochen. Für die ausgeschriebene Position bringe ich umfassende Erfahrungen in den Bereichen ... mit."
- „Wie ich über die Arbeitsagentur erfahren habe, suchen Sie zum 1. September einen Auszubildenden für den Beruf des Industriekaufmanns."
- „Beim Besuch Ihrer Homepage bin ich auf Ihre Stellenausschreibung für die Position des ... aufmerksam geworden."

Die folgenden Einleitungen können Sie auch im Rahmen einer Initiativbewerbung nutzen:

- „Als erfahrene Teamleiterin in der Kunststoffverarbeitung und in ungekündigtem Arbeitsverhältnis möchte ich mich Ihnen kurz vorstellen."
- „Als gelernter ... (Berufsbezeichnung) mit Erfahrungen in den Bereichen ... biete ich Ihnen meine Mitarbeit an."
- „Da ich mich beruflich verändern möchte, suche ich in Ihrem Unternehmen eine neue Herausforderung."
- „Nach langjähriger Tätigkeit im Finanz- und Rechnungswesen eines namhaften Zulieferers der Automobilindustrie suche ich eine neue berufliche Herausforderung, bei der ich meine Erfahrungen und Kompetenzen aktiv und engagiert in Ihrem Unternehmen einbringen kann."

- „Wie ich gestern der Kölner Rundschau entnommen habe, planen Sie die Eröffnung eines ABC-Baumarktes in Köln-Deutz. Gerne möchte ich meine Erfahrungen in den Bereichen Einkauf und Kundenbetreuung für Sie einsetzen und damit meinen Beitrag zum Aufbau des Deutzer Marktes leisten."

⑦ Hauptteil

Nachdem wir uns bisher in erster Linie mit den Formalien des Anschreibens beschäftigt haben, wird es jetzt spannend. Es geht um die inhaltliche Ausgestaltung Ihres Anschreibens und damit um seinen eigentlichen Kern. Hier befinden Sie sich in sicheren Gewässern, da Sie mit Ihrer Selbstpräsentation bereits das Grundgerüst erarbeitet haben.
Auf dieser Basis bauen Sie nun auf. Wenn Sie noch einige inhaltliche Besonderheiten berücksichtigen, dann werden Sie Ihren Ansprechpartner ganz leicht von Ihrem Potenzial überzeugen.

- Gehen Sie im Hauptteil des Anschreibens unbedingt auf die Anforderungen der Stellenanzeige ein. Greifen Sie dabei die Schlagwörter der Anzeige auf, und erläutern Sie, mit welchen Erfahrungen und Kenntnissen Sie diese Voraussetzungen erfüllen.
- Entwickeln Sie hierbei ein individuelles Profil: Was spricht dafür, dass Sie im Hinblick auf die ausgeschriebene Stelle ein Volltreffer sind? Ziehen Sie Ihre Selbstpräsentation heran, und beschreiben Sie kurz und eingängig Ihre aktuelle Position und Ihre berufliche Entwicklung. Welche Tätigkeiten und Projekte qualifizieren Sie für die neuen Aufgaben? Beweisen Sie Ihre persönlichen Erfolge und Kompetenzen anhand von ein oder zwei Beispielen. Warum sind gerade Sie der richtige Mann, die richtige Frau für genau diese Stelle? Was haben Sie anderen Bewerbern voraus, was auch für die angebotene Position von Vorteil ist? Achten Sie dabei auch auf Schlüsselbegriffe aus dem Tagesgeschäft.
- Fakten, Fakten, Fakten. Schreiben Sie Klartext, und vermeiden Sie nichts sagende Worthülsen und Floskeln. Grundsätzlich sollte das Anschreiben – auch bei Fach- und Führungskräften – nicht länger als eine DIN-A4-Seite sein. Nur in Ausnahmefällen können Sie von dieser Regel abweichen. Setzen Sie also wiederum auf „Klasse statt Masse". Ansonsten laufen Sie Gefahr, dass wichtige Aussagen Ihres Bewerbungsschreibens überlesen werden.
- Vermeiden Sie auch Endlossätze und komplizierte Satzverschachtelungen. Ein überzeugender Satz im Anschreiben ist klar formuliert: Er besteht aus etwa 12 (höchstens 20) Wörtern

und enthält eine oder zwei prägnante Aussagen. Formulieren Sie aktiv und dynamisch, indem Sie eher Verben als Substantive benutzen. Beispiel: „In der Kabelbaumfertigung leite und organisiere ich eigenverantwortlich ein Team von zwölf Mitarbeitern."

- Formulieren Sie selbstbewusst: Begriffe wie „ich glaube, möchte, könnte, würde" vermitteln Ihrem Gegenüber Unsicherheit. Entweder Sie tun etwas oder Sie lassen es. Außerdem gilt der Konjunktiv „würde" als unmodern und wird daher im Geschäftsverkehr nur noch sehr selten benutzt.
- Seien Sie aber ehrlich, und machen Sie keine Versprechen, die Sie nicht halten können. Blender werden in der Regel schnell durchschaut: Wenn in einem Inserat verhandlungssicheres Englisch verlangt wurde, dann müssen Sie damit rechnen, dass dieses Kriterium im Vorstellungsgespräch auch überprüft wird und Sie gegebenenfalls dazu aufgefordert werden, ein wenig in der Fremdsprache zu referieren.
- Andererseits haben Bemerkungen, die für Sie nachteilig ausgelegt werden können, im Anschreiben nichts verloren. Schreiben Sie daher nicht mehr als erforderlich. Wenn in Ihrem beruflichen Werdegang vielleicht etwas schief gegangen ist, brauchen Sie Ihren Ansprechpartner nicht mit der Nase darauf zu stoßen.
- Auch wenn das Anschreiben eine Form des Selbstmarketings ist, sollten Sie Ihre Fähigkeiten und Erfahrungen nicht in den höchsten Tönen loben („Eigenlob stinkt"). Ihre Qualitäten machen Sie am besten deutlich, indem Sie Ihre Stärken und bisherigen Aufgaben nicht bewerten, sondern anhand von Beispielen beschreiben (siehe Seite 26 ff.). Die Einstufung Ihrer Angaben erfolgt dann automatisch durch Ihren Ansprechpartner. Beispiel: „In enger Zusammenarbeit mit der Projektleitung habe ich die Prozesstermine geplant und überwacht."
- Der Ansprechpartner möchte nicht nur wissen, wer Sie sind, was Sie können und was für besondere Stärken Sie besitzen, sondern auch, warum Sie an einem Arbeitsplatz in seinem Unternehmen interessiert sind. Dieser Punkt wird in der Bewerbungspraxis leider wenig beachtet. Falls Sie in der Einleitung Ihres Anschreibens noch nicht angesprochen haben, warum die konkrete Position oder der Betrieb für Sie besonders attraktiv sind, haben Sie am Ende des Hauptteils noch einmal die Gelegenheit dazu. Zeigen Sie Ihrem Ansprechpartner, dass Sie sich über sein Unternehmen gründlich informiert haben und Ihre Arbeitskraft gerne für sein Unternehmen einsetzen würden.

> **Tipp**
>
> Versenden Sie keine Anschreiben „von der Stange". Viele Bewerber sind froh, wenn Ihnen ein aussagekräftiges Anschreiben wenigstens einmal geglückt ist. Bei weiteren Bewerbungen werden dann nur noch die Empfängeradresse und das Datum geändert. Das ist zwar verständlich, allerdings bekommt das Anschreiben dadurch einen Serienbriefcharakter, und die wenigsten Personalchefs lassen sich durch Allgemeinplätze überzeugen, die nichts oder nur wenig mit der ausgeschriebenen Stelle zu tun haben. Formulieren Sie daher Ihr Anschreiben auf jede Anzeige hin neu. Mit ein wenig Erfahrung werden Sie zunehmend routinierter. Weitere Anregungen finden Sie in der Aktion/Übung: Selbstmarketing im Anschreiben (Seite 51 f.)

Hier finden Sie noch einige Anregungen für Ihr Anschreiben:

Formulierungen für den Hauptteil

Aufgaben und Erfahrungen aus Ihrer aktuellen (bisherigen) Tätigkeit:

- „In meiner jetzigen Tätigkeit als ... (Berufsbezeichnung) bin ich für ... (Aufgaben/Projekte) verantwortlich."
- „Als ... habe ich die Bereiche ... (Aufgabengebiete/Abteilungen) kennen gelernt. Derzeit bin ich für ... zuständig."
- „Bei meinem aktuellen Arbeitgeber betreue ich das Projekt ... Hier machen mir ... (Aufgaben/Tätigkeiten) besonders viel Freude."
- „In die Bereiche ... habe ich mich bereits nach kurzer Zeit erfolgreich eingearbeitet."
- „Als Mitarbeiterin im Bereich ... verfüge ich über einschlägige Erfahrungen in ..."

Aufgaben und Tätigkeiten mit Bezug zur neuen Position:

- „Praktische Erfahrungen im Bereich ... (angestrebter Aufgabenbereich) konnte ich im Rahmen meiner ... (Tätigkeit/Ausbildung) bei ... (Unternehmen) erwerben."
- „Umfangreiche Kenntnisse im Bereich ... können Sie von mir ebenso erwarten wie ..."
- „Aus meiner Berufspraxis sind mir ... (angestrebte Tätigkeiten) bestens vertraut."
- „Meine Aufgaben als ... ermöglichten es mir auch, umfassende Erfahrungen in den Bereichen ... (angestrebte Tätigkeitsfelder) zu erwerben."
- „Erste Erfahrungen mit ... (angestrebter Aufgabenbereich) konnte ich bei der ... (Unternehmen) sammeln. Zu meinen Aufgaben gehörten hier ..."
- „Folgende Aufgaben habe ich bereits erfolgreich bearbeitet ..."

Berufliche Entwicklung mit Bezug auf die neue Position:

- „Vor meiner aktuellen Beschäftigung war ich als ... tätig. Hier war ich für ... zuständig."
- „Meine Ausbildung zum ... habe ich bei der ... (Firma) gemacht. An einer berufsbegleitenden Fortbildung zum ... habe ich mit großem Erfolg teilgenommen."
- „Im Rahmen meiner Ausbildung zur ... habe ich umfangreiche Einblicke in die Bereiche ... gewinnen können."
- „Zusätzlich qualifiziert habe ich mich durch die Teilnahme an ... (Training/ Weiterbildung)."
- „Der Schwerpunkt meines Hochschulstudiums lag im Bereich ..."
- „Bereits innerhalb meiner Magisterarbeit habe ich mich ausführlich mit ... beschäftigt."
- „Ich bin ... (Studien- oder Ausbildungsabschluss) und habe eine Zusatzqualifikation als ..."

Persönliche Stärken und Fähigkeiten/ berufliche Zielvorstellungen:

- „Ich spreche verhandlungssicher ... (Sprache) in Wort und Schrift und verfüge über Grundkenntnisse in ... (Sprache)."
- „Im Rahmen meiner verschiedenen Auslandsaufenthalte in den USA habe ich sehr gute Englischkenntnisse erworben. Aus täglicher Anwendung sind mir ... (Programmierung- und Technikkenntnisse, wie NC, CNC, SPS) ebenso vertraut wie die aktuellen MS-Office-Programme."
- „Ich spreche fließend .... und habe mich in den Bereichen ... (EDV- oder andere für die neue Position relevante Kenntnisse) ständig weitergebildet."
- „Eine Mitarbeit in Ihrem Unternehmen interessiert mich sehr, da ... (zum Beispiel neue Verantwortungs- und Aufgabenbereiche)."

⑧ Eintrittstermin und Gehaltsvorstellung

Häufig werden Sie in Stelleninseraten aufgefordert, Ihren frühestmöglichen Eintrittstermin zu nennen. Da Sie nicht wissen können, wann das Bewerbungsverfahren in Ihrem Wunsch-Unternehmen abgeschlossen ist, verweisen Sie am besten auf Ihre (gesetzlichen oder tarifvertraglichen) Kündigungsfristen. Falls Sie jedoch direkt anfangen können, kann es vorteilhaft sein, dass Sie auf Ihr „Plus" im Anschreiben verweisen. Vielleicht hat Ihr Ansprechpartner aktuell eine sehr gute Auftragslage und sucht daher dringend neue Mitarbeiter.

Formulierungen für den Eintrittstermin

- „Da ich zurzeit Mitarbeiterin einer Transfergesellschaft bin, kann ich Ihnen auch kurzfristig zur Verfügung stehen. Zudem besteht die Möglichkeit, dass Sie mich im Rahmen eines Praktikums näher kennen lernen."

- „Da ich zurzeit in ungekündigter Position tätig bin, richten sich meine Kündigungsfristen nach den üblichen gesetzlichen Bestimmungen."
- „Meine Kündigungsfrist beträgt vier Wochen zum Ende eines Kalendermonats."
- „Ein optimaler Eintrittstermin ist für mich der ..."
- „Der früheste Eintrittstermin wäre der ..."
- „Ab dem ... könnte ich auf jeden Fall für Sie tätig werden. In Absprache mit meinem aktuellen Arbeitgeber eventuell auch früher."

Angaben zu Ihrem Gehaltswunsch sind immer noch ein heikles Thema. Deshalb gehen Sie im Anschreiben besser nur auf Ihre Gehaltsvorstellung ein, wenn Sie in der Anzeige ausdrücklich dazu aufgefordert werden. In diesem Fall müssen Sie aber auch eine Gehaltsangabe machen. Sätze wie „Auskünfte über meinen Gehaltswunsch gebe ich Ihnen gerne in einem persönlichen Gespräch" sind wenig hilfreich. Damit riskieren Sie, dass Ihre Bewerbung nicht weiter berücksichtigt wird.
Wenn Sie sich für eine Position bewerben, die mit Ihrem aktuellen Arbeitsplatz vergleichbar ist, ist Ihr derzeitiges Bruttogehalt eine erste Orientierungsgröße. Kompliziert wird es häufig bei einem Orts- oder Branchenwechsel. Informieren Sie sich daher immer über die branchenüblichen Gehälter. Eine gute Übersicht zu Jobs und Branchen finden Sie im „ABC der Gehälter" unter: www.sueddeutsche.de/jobkarriere.
Entsprechende Informationen bekommen Sie auch bei Arbeitgeberorganisationen, Gewerkschaften und der Bundesagentur für Arbeit.
Kostenpflichtige Gehaltsanalysen erhalten Sie unter:

- www.geva-institut.de
- www.personalmarkt.de
- www.jobpilot.de

Bitte berücksichtigen Sie: Wenn Sie Ihren Marktwert kennen, können Sie auch Ihre Leistungen souverän verkaufen.
Wenn Ihre neue Tätigkeit – im Vergleich zu Ihrer aktuellen Position – einen höheren Verantwortungsbereich beinhaltet oder wenn Sie in der Hierarchie um eine Stufe aufrücken, sind Gehaltsaufschläge von etwa 15 bis 20 Prozent möglich. In die Überlegungen zu Ihrem Wunscheinkommen sollten aber auch andere Motive, wie Fortbildungs- und Aufstiegsmöglichkeiten im neuen Unternehmen, einfließen. Bei vergleichbaren Positionen müssen derzeit viele Bewerber leider auch mit Abstrichen rechnen.

Ihre Gehaltsvorstellung können Sie entweder konkret formulieren oder Sie geben einen gewissen Spielraum an. Die untere Grenze der Verdienstspanne ist das Mindestgehalt, das Sie erzielen möchten. Der obere Wert kann etwa 10 bis 15 Prozent darüber liegen. Generell gilt: Um Missverständnisse (wie 12 oder 13 Monatsgehälter) zu verhindern, geben Sie Ihre Gehaltsvorstellung am besten als Jahresbruttogehalt an.

Formulierungen zu Ihren Gehaltsvorstellungen

- „Mein Gehaltswunsch beträgt Euro … p. a."
- „Ich stelle mir ein Brutto-Jahresgehalt von … Euro vor."
- „Meine Gehaltsvorstellung liegt im Bereich Euro … p. a."
- „Ich strebe ein Bruttogehalt von … bis … Euro pro Jahr an."
- „Meine Gehaltsvorstellung liegt bei etwa … Euro p. a."

⑨ Schlussteil

Beenden Sie Ihr Bewerbungsschreiben freundlich und selbstbewusst. Eine Schlussformulierung wie „Es würde mich freuen, wenn Sie meine Bewerbung berücksichtigen könnten" klingt eher schüchtern und kleinlaut. Das haben Sie nicht nötig. Schließlich haben Sie als erfahrener und qualifizierter Mitarbeiter Ihrem Ansprechpartner und dessen Firma einiges zu bieten.

Formulierungen für den Schlussteil

- „Über Ihre Einladung zu einem Vorstellungsgespräch freue ich mich."
- „Für ein persönliches Gespräch stehe ich Ihnen gerne zur Verfügung. Ich freue mich auf Ihre Einladung."
- „Habe ich Ihr Interesse geweckt? Dann freue ich mich über eine Einladung zu einem persönlichen Gespräch."
- „Haben meine Bewerbungsunterlagen Sie überzeugt? Dann stehe ich Ihnen gerne für ein Vorstellungsgespräch zur Verfügung."
- „Weitere Auskünfte gebe ich Ihnen gerne in einem persönlichen Gespräch."
- „Ich freue mich darauf, Sie in einem persönlichen Gespräch von meiner Qualifikation zu überzeugen."
- „Für alle weiteren Fragen stehe ich Ihnen gerne in einem persönlichen Gespräch zur Verfügung."

⑩ Grußformel

Mit Formulierungen wie „Mit freundlichen Grüßen", „Mit freundlichem Gruß", „Freundliche Grüße" oder „Beste Grüße" liegen Sie immer richtig. Persönlichere Varianten wie „Mit freundlichen Grüßen aus dem sonnigen/regnerischen Köln" oder „Herzliche Grüße und eine schöne Woche" vermeiden Sie dagegen lieber. Sie können zwar durchaus individuell und sympathisch wirken; doch werden sie von einigen Personalentscheidern (noch?) als zu vertraulich bewertet. Auf Grußfloskeln wie „Hochachtungsvoll" oder „Bis dahin verbleibe ich, Ihr ..." verzichten Sie besser ganz, denn sie gelten als antiquiert und werden daher nicht mehr verwendet.

⑪ Eigenhändige Unterschrift

Um dem Anschreiben eine weitere freundliche und persönliche Note zu geben, schlagen wir unseren Bewerbern vor, mit einem blauen Fineliner oder königsblauer Tinte zu unterschreiben. Eine Unterschrift in blauer Tinte wirkt zudem seriöser als mit einem Kugelschreiber in grüner oder roter Farbe. Vor- und Nachnamen sollten Sie möglichst leserlich ausschreiben. Wenn Sie mögen, können Sie Ihren Namen darunter gedruckt wiederholen.

⑫ Anlagenvermerk

Zum Schluss folgt ein Hinweis auf die Anlagen. In der Bewerbungsliteratur werden Sie häufig dazu aufgefordert, alle Anlagen, also Deckblatt, Lebenslauf, Zeugnisse etc., einzeln aufzuzählen (aus Platzgründen eventuell auch nebeneinander). Es ist allerdings völlig ausreichend, wenn Sie sich auf die Formulierung „Anlage: Bewerbungsunterlagen" oder „Anlage: Bewerbungsmappe" beschränken.
Fazit: Ein gelungenes Anschreiben besticht durch seine individuelle Gestaltung in zweifacher Hinsicht: Zum einen macht es deutlich, dass sich der Bewerber intensiv mit den Schlüsselqualifikationen und Aufgabenbereichen des Stelleninserats auseinander gesetzt hat, zum anderen informiert es über die Persönlichkeit des Verfassers. Denken Sie daher daran, bei jedem Bewerbungsschreiben auf etwa fünf Kernanforderungen der Anzeige einzugehen und darzustellen, warum Sie für das konkrete Unternehmen von Nutzen sind. Dadurch vermeiden Sie bei Ihrem Ansprechpartner den Eindruck, dass Ihr Anschreiben bereits an mehrere andere Arbeitgeber adressiert wurde.

› Tipp

Da in unserem Land nahezu jeder Bereich des Berufslebens reglementiert ist, gibt es mittlerweile natürlich auch eine Norm für die Gestaltung von Geschäftsbriefen (die DIN 5008). Sie enthält genaue Empfehlungen zur äußeren Form und Gliederung von Texten. Allerdings hat sich diese Norm bei Bewerbungsschreiben bisher nur begrenzt durchgesetzt, so dass Sie Ihr Anschreiben wesentlich freier gestalten können. Falls Sie sich jedoch um eine Position im Sekretariatsbereich bewerben, achten Sie bitte auf die Einhaltung der Normvorgaben. Weiterführende Informationen zur DIN 5008 finden Sie auf der Website: www.tastschreiben.de.

Aktion/Übung

Selbstmarketing im Anschreiben

Die folgende Übung unterstützt Sie bei der Formulierung Ihres Anschreibens, indem sie Ihnen hilft, Anzeigen zu analysieren, und zudem die zentralen Fragen der Personalverantwortlichen vorwegnimmt. Die Basis für diese Übung ist natürlich die Stellenausschreibung, auf die Sie sich bewerben möchten. Nutzen Sie auch hier die Ausführungen, die Sie in Ihrer schriftlichen Selbstpräsentation erarbeitet haben. Ergänzen Sie diese, soweit sich aus der Anzeige weitere Anforderungen ergeben.

> Welche Position ist zu vergeben? Welche Informationen erhalten Sie über das Unternehmen (Branche, Produkte, Firmenphilosophie, Arbeitsumfeld, Entwicklungsmöglichkeiten)?

> Warum bewerben Sie sich auf die ausgeschriebene Position?

> Welche Aufgaben und Verantwortungsbereiche enthält der ausgeschriebene Arbeitsplatz?

> Welche fachlichen, persönlichen und sozialen Kompetenzen werden erwartet? Welche Zusatzqualifikationen (wie Spezial- und Sprachkenntnisse) sind erforderlich?

> Entsprechen Ihre Kompetenzen und Erfahrungen den Anforderungen des Unternehmens? Mit welchen interessanten Beispielen können Sie Ihrem Ansprechpartner verdeutlichen, dass Sie die gestellten Anforderungen erfüllen?

> Welche attraktiven Zusatzqualifikationen bringen Sie mit?

> Warum würden gerade Sie gut zum Unternehmen passen? Warum sind Sie für die zu besetzende Position und das Arbeitsumfeld genau der/die Richtige?

Vorher, nachher – ein kommentiertes Muster-Anschreiben

Das folgende Muster-Anschreiben zeigt Ihnen, welche Fehler Sie besser vermeiden und wie Sie ein ansprechendes Anschreiben verfassen können. Versetzen Sie sich bitte in die Lage des Personalchefs der angeschriebenen Firma. Was würden Sie der Bewerberin raten, um mit ihrem Anschreiben erfolgreicher zu sein?

Die Stellenanzeige

Über uns: Die Smartsoft GmbH ist ein führender Anbieter für softwareorientierte Verwaltungskonzepte. Ein hohes Maß an Zufriedenheit durch individuelle und innovative IT-Lösungen für unsere Kunden ist unser Ziel. Mit über 400 Mitarbeitern und mehr als 250.000 Kunden ist das Unternehmen europaweit aktiv. Am Standort Hamburg suchen wir nun einen führungserfahrenen Direktvertriebsprofi als:

Teamleiter Call Center (m/w)

Ihr Team ist verantwortlich für den Vertrieb von Software und Dienstleistungen an unsere Kunden und Interessenten. Es wird daran gemessen, aus heißen Leads harte Umsätze zu machen. Was fehlt, ist die Führungskraft, die dieses Team führt, schult, coacht und zu Höchstleistungen motiviert.

Darauf können Sie sich freuen: Sie übernehmen die fachliche und disziplinarische Führung von etwa 15 Mitarbeitern. Neben der Umsetzung der quantitativen und qualitativen Zielvorgaben arbeiten Sie an der beständigen Verbesserung der Arbeitsabläufe und der Qualität der Gespräche. Sie führen Verkaufsgespräche und übernehmen eskalierende Calls.

Ihr Profil: Sie konnten bereits Führungserfahrung im vertriebsorientierten Call-Center-Umfeld sammeln. Sie haben Freude daran, ein Team zu leiten und zu motivieren, um gemeinsame Ziele zu erreichen. Kunden- und Serviceorientierung, verkäuferisches Geschick, hohe Kommunikationsfähigkeit und Einfühlungsvermögen zählen zu Ihren Stärken. Sie besitzen fundierte PC-Kenntnisse, ein ausgeprägtes Verständnis für Zahlen, Belastbarkeit und Flexibilität. Idealerweise haben Sie eine abgeschlossene kaufmännische Ausbildung.

Unser Angebot: Eine leistungsorientierte Vergütung, Förderung und Weiterbildung, die Arbeit mit einem sympathischen und hoch motivierten Team.

Für Fragen steht Ihnen Herr Hartmann unter der Rufnummer 040/1122336 zur Verfügung.

Die Bewerberin

Lena Küpper hat eine Ausbildung zur Bürokauffrau bei der Marx Kabel AG abgeschlossen. Danach arbeitete sie dort drei Jahre lang als Vertriebsmitarbeiterin im Innendienst. Hier war sie zusammen mit dem Außendienst für die Kundenbetreuung und -beratung zuständig. Auf Empfehlung wechselte sie als Call-Center-Agent zur Data GmbH, einem Unternehmen für kaufmännische Software. Bereits nach wenigen Monaten gelang ihr der Aufstieg zur Leiterin eines Teams von acht Mitarbeitern.

Übersicht

Das Original-Anschreiben

Lena Küpper
Thomas-Mann-Str. 12
53113 Bonn ①

An die
Smartsoft AG
Charlottenstr. 32

20550 Hamburg ②

Bonn, 18.09.2005

Bewerbung ③

Sehr geehrte Damen und Herren ④

Hiermit bewerbe ich mich als Teamleiterin für Ihr Call Center. Ich denke, dass ich sehr gut zu Ihnen passe. Daher schicke ich Ihnen heute meine Bewerbungsunterlagen. ⑤

Ich bin ausgebildete Bürokauffrau mit langjähriger Vertriebserfahrung. Bei meinem derzeitigen Arbeitgeber gelang es mir – mit Kompetenz, Talent und Durchsetzungsvermögen – sehr schnell zur Teamleiterin des Call Centers aufzusteigen. Natürlich erfülle ich auch alle weiteren Anforderungen Ihrer Stellenanzeige. ⑥

Da ich aus privaten Gründen einen Umzug nach Hamburg plane, ist Ihr Unternehmen für mich sehr interessant. ⑦

Sie sehen, wir sollten uns unbedingt einmal persönlich kennen lernen, um die weiteren Einzelheiten zu besprechen. ⑧

Liebe Grüße ⑨

L. Küpper ⑩

Anlagen: ⑪
Lebenslauf,
Zeugnisse,
Ausbildungszeugnis,
Fortbildungen

Bewertung des Anschreibens

Ihre Verbesserungstipps für Lenas Anschreiben:

① Auf den ersten Blick macht das Anschreiben formal einen guten Eindruck. Es ist angenehm kurz und die einzelnen Abschnitte sind übersichtlich und lesefreundlich durch Leerzeilen voneinander abgesetzt. Allerdings fehlt bei den Absenderangaben die Telefonnummer und (wenn vorhanden) die E-Mail-Adresse.

② Obwohl in der Stellenanzeige ein Ansprechpartner genannt wird (Herr Hartmann), wird im Anschreiben lediglich die Firmenadresse aufgeführt. Zudem wird die Rechtsform des Unternehmens falsch wiedergegeben. Ein Indiz für mangelnde Sorgfalt.

③ In der Betreffzeile steht lediglich Bewerbung, während sich die konkrete Position, auf die sich Lena bewirbt, erst aus der Einleitungsformulierung ergibt. Leider fehlt hier auch die Fundstelle der Anzeige.

④ Da die Telefonnummer von Herrn Hartmann in der Anzeige genannt wurde, bietet es sich an, dass die Bewerberin ihn anruft, um einen ersten persönlichen Kontakt herzustellen und eventuell noch weitere relevante Informationen für ihre Bewerbung zu erhalten. Doch statt die Kontaktperson persönlich anzusprechen, wird auch hier nur die Standardanrede verwendet. Ein erneutes Zeichen für die schludrige Arbeitsweise der Bewerberin.
Nach der Anrede fehlt das Komma. Auf die langweilige Standarderöffnung „hiermit bewerbe ich mich …“ sollte lieber verzichtet werden. Gerade von Führungskräften wird erwartet, dass sie sowohl formal als auch inhaltlich in der Lage sind, einwandfreie Geschäftsschreiben zu formulieren.

⑤ Ohne eine nähere Begründung behauptet die Bewerberin, dass sie gut zum Unternehmen passt. Das ist eine Formulierung ohne jeden Aussagewert. Derartige Angaben werden am besten nur gemacht, wenn sie auch mittels konkreter Beispiele belegt werden können.

⑥ Mit der Aussage, dass Lena ausgebildete Bürokauffrau ist, geht sie erstmals direkt auf die Stellenanzeige ein. Allerdings bleibt es leider dabei. Was folgt, sind weitere Leerfloskeln. Kompetenz und Durchsetzungsvermögen sind

zwar wesentliche Eigenschaften für leitende Mitarbeiter, allerdings werden diese Stärken wiederum nicht belegt. Zudem ist die Aufzählung in diesem Zusammenhang problematisch. Es kann leicht der Eindruck vermittelt werden, dass sich die Bewerberin gegenüber innerbetrieblicher Konkurrenz mit allen Mitteln zur Wehr setzt (Vorsicht: Ellenbogenmentalität!).
Die Formulierung „ich erfülle alle Anforderungen der Anzeige" geht über ein gesundes Selbstbewusstsein hinaus und wirkt – ohne nähere Begründung – überheblich. Natürlich lässt sich bei einer ausführlichen Stellenausschreibung nicht jedes Kriterium in einem Anschreiben belegen. Dennoch werden besonders relevante Anforderungen besser nochmals gezielt aufgegriffen und erläutert. Auf diese Weise zeigt der Bewerber, dass er wesentliche Fragen von den eher nebensächlichen trennen kann, und weckt das Interesse des Personalbeauftragten an den weiteren Bewerbungsunterlagen.

⑦ Die Tatsache, dass Lena einen Umzug nach Hamburg plant, ist zwar eine relevante Information. Diese ist aber als alleinige Motivation für die Bewerbung bei der Smartsoft GmbH völlig unzureichend. Lena hätte vielmehr darlegen sollen, was das Unternehmen als potenziellen Arbeitgeber so attraktiv macht. Es wäre schön gewesen, wenn die Bewerberin den Bezug zu ihrer aktuellen Position stärker herausgearbeitet und sich (etwa über das Internet) näher über Smartsoft informiert hätte.

⑧ Lieber nicht! Diese Formulierung klingt plump-vertraulich. Darüber hinaus ist das Anschreiben völlig profillos. Es sagt nahezu nichts über die Bewerberin aus. Statt konkret auf ihre berufliche Qualifikation und die Anforderungen der Anzeige einzugehen, begnügt sich Lena mit Allgemeinplätzen und aufdringlichen Plattitüden. Es handelt sich um ein typisches „Anschreiben von der Stange". Somit ist es kaum vorstellbar, dass Lena die Chance zu einem Vorstellungsgespräch erhält.

⑨ Auch die Grußformel wirkt – zumal bei einem männlichen Ansprechpartner – zu vertraulich.

⑩ Ein ausgeschriebener Vorname lässt das Anschreiben persönlicher wirken. Vermeiden Sie daher Abkürzungen.

⑪ Das zweifache Hervorheben des Begriffs „Anlagen" (fett und unterstrichen) ist übertrieben. In der Regel reicht die Fettstellung eines Wortes aus. Das Auflisten aller Anlagen ist zwar nicht falsch, allerdings wird hierdurch häufig viel Platz verschenkt. Sie können sich also auch auf das Wort „Anlagen" beschränken.

Das korrigierte Anschreiben

Lena Küpper – Thomas-Mann-Str. 12 – 53113 Bonn
Tel. 0228 / 32 18 77 (AB) – E-Mail: lena-küpper@t-online.de

Smartsoft GmbH
Herrn Hartmann
Charlottenstr. 32

20550 Hamburg

Bonn, 18.09.2005

Bewerbung als Teamleiterin Call Center
Ihre Anzeige unter jobpilot.de vom 16.09.2005 und unser Telefonat

Sehr geehrter Herr Hartmann,

nochmals vielen Dank für das freundliche Telefongespräch. Wie besprochen, sende ich Ihnen heute meine vollständigen Bewerbungsunterlagen.

In meiner derzeitigen Tätigkeit leite ich ein Team von acht Call Center Agenten für die Data GmbH in St. Augustin, einem Anbieter für kaufmännische Software. Ich bin verantwortlich für die Leistungs- und Ergebnisorientierung der Mitarbeiter sowie die Sicherstellung des Informations- und Kommunikationsflusses im Team und zu unseren Kunden. Mit der Konzeption und Durchführung von kontinuierlichen Trainings (unter anderem zu den Themen kundengerechte Kommunikation und Verkaufstechnik) und intensiven Einzelcoachings bin ich bestens vertraut. Dadurch konnten die Zielvorgaben der Geschäftsführung, hinsichtlich Umsatzzahlen und Prozessoptimierung nicht allein realisiert, sondern mehrfach übertroffen werden. Zudem wurden Kundenbindung und -zufriedenheit nachhaltig verbessert.

Meine Aufgaben im Outbound-Bereich umfassen neben der Vermarktung unserer Produkte auch die telefonische Kundenbetreuung und Produktschulung. Dabei bleibe ich auch in kritischen Gesprächssituationen sachlich und empathisch. Umfangreiche Praxiserfahrung in der Beratung, Akquisition und Auftragsabwicklung konnte ich bereits – nach meiner Ausbildung zur Bürokauffrau – als Vertriebsmitarbeiterin eines namhaften Industrieunternehmens erwerben.

Aus persönlichen Gründen plane ich den Umzug in das schöne Hamburg. Auch hier würde ich gerne als Teamleiterin eines Call Centers arbeiten, da mir die Tätigkeit in einem engagierten Team und die erfolgreiche Zusammenarbeit mit seinen Geschäftskunden sehr viel Freude bereitet. Darüber hinaus möchte ich meine Kenntnisse auf dem Gebiet der Businessanwendungen gerne vertiefen. Auch deshalb ist die Smartsoft GmbH, als international ausgerichtetes Softwarehaus, für mich der ideale Arbeitgeber.

Für ein persönliches Gespräch stehe ich Ihnen gerne zur Verfügung. Ich freue mich darauf, von Ihnen zu hören.

Mit freundlichen Grüßen
Lena Küpper

Anlagen

✔ Checkliste

Ihr Anschreiben im Überblick

- ☐ Haben Sie Ihre vollständige Anschrift und eine Rufnummer angegeben, unter der Sie erreichbar sind?
- ☐ Haben Sie eine Uhrzeit angegeben, wenn Sie schwer zu erreichen sind?
- ☐ Ist die Empfängeradresse vollständig und fehlerfrei aufgeführt?
- ☐ Enthält Ihr Anschreiben Ort und aktuelles Datum?
- ☐ Wird in der Betreffzeile die Position genannt, auf die Sie sich bewerben?
- ☐ Haben Sie in der Bezugszeile die exakte Fundstelle der entsprechenden Anzeige aufgeführt?
- ☐ Sprechen Sie in der Anrede Ihren Adressaten persönlich an? Ist auch hier der Name Ihres Ansprechpartners korrekt geschrieben?
- ☐ Ist das Anschreiben übersichtlich und lesefreundlich gestaltet (Schriftart, Schriftgröße, Zeilenabstand, Absätze mit Leerzeilen, Seitenränder)?
- ☐ Passen die von Ihnen im Hauptteil aufgeführten Qualifikationen zu den gewünschten Anforderungen des Stelleninserats? Haben Sie Ihre Kenntnisse und Fähigkeiten mit aussagekräftigen Beispielen belegt?
- ☐ Haben Sie interessante Zusatzqualifikationen angegeben?
- ☐ Enthält das Anschreiben auch die Motivation für Ihre Bewerbung (Bewerbungsgrund)?
- ☐ Haben Sie auf Standardfloskeln verzichtet und sind individuell auf das jeweilige Unternehmen und die ausgeschriebene Stelle eingegangen?
- ☐ Ist der Text des Hauptteils klar und verständlich formuliert?
- ☐ Falls Sie dazu aufgefordert wurden: Enthält das Anschreiben den möglichen Eintrittstermin und Ihre Gehaltsvorstellung?
- ☐ Haben Sie im Schlussteil selbstbewusst und freundlich um einen Vorstellungstermin gebeten?
- ☐ Haben Sie das Bewerbungsschreiben mit Ihrem vollen Vor- und Zunamen gut leserlich unterschrieben?
- ☐ Enthält das Anschreiben einen Anlagenvermerk?
- ☐ Haben Sie den Text auf Rechtschreibfehler überprüft (Rechtschreibhilfe Ihres Textverarbeitungsprogramms)? Hat auch eine weitere Person das Anschreiben Korrektur gelesen?

Das Deckblatt

Nach dem Anschreiben folgen Ihre weiteren Bewerbungsunterlagen. Dabei ist das Deckblatt die Titelseite Ihrer Bewerbungsmappe. Ob Sie ein Deckblatt benutzen wollen, bleibt Ihnen überlassen. Es ist wie vieles im Rahmen der Bewerbung reine Geschmackssache. Und Sie können es auch nicht allen Personalverantwortlichen recht machen. Der eine oder andere empfindet ein Deckblatt eher als überflüssigen Schnickschnack. Nach unserer Ansicht sprechen allerdings einige gute Gründe für die Verwendung eines optisch ansprechenden Titelblatts:

- Das Deckblatt bildet einen positiven Rahmen für Ihre weiteren Unterlagen. Ihre Bewerbungsmappe erhält eine größere Individualität. Sie hebt sich deutlicher von anderen Mappen ab.
- Wenn Sie auf Ihrem Deckblatt, neben der Position, für die Sie sich bewerben, auch das Unternehmen nennen, zeigen Sie, dass Sie keine Serienbewerbung verschicken.
- Durch das Bewerbungsfoto und die Angabe Ihrer Adresse auf dem Deckblatt wird Ihre Mappe persönlicher. Immer mehr Bewerber gehen dazu über, ein digitales Foto zu verwenden. Das spart zum einen Kosten, zum anderen kann das Bild am PC bearbeitet und eventuell vergrößert werden. Zu kleine Fotos (in der Größe eines Passfotos) wirken auf der ansonsten wenig beschriebenen Seite leicht verloren. Allerdings können Sie natürlich auch eine Seite ohne Foto erstellen. Muster für Deckblätter mit und ohne Fotos finden Sie auf den nächsten Seiten.
- Wenn Sie das Bewerbungsfoto und Ihre Adresse auf das Deckblatt nehmen, sparen Sie einigen Platz im Lebenslauf. Dieser gewinnt an Übersichtlichkeit.

› Tipp

Für die grafische Gestaltung des Deckblatts gibt es keine Regeln. Ihrer Kreativität sind daher kaum Grenzen gesetzt. Allerdings vermittelt auch diese Seite den besten Eindruck, wenn sie eher dezent gestaltet ist. Ein Titelblatt mit vielen grafischen Spielereien wirkt schnell unseriös. Bleiben Sie daher auch hier bei einem Schrifttyp, und wählen Sie möglichst nur zwei Schriftfarben (zum Beispiel Schwarz und Grau). Stimmen Sie Anschreiben, Deckblatt und Lebenslauf durch eine einheitliche Gestaltung aufeinander ab. Das gilt sowohl für die Schriftart als auch für andere Stilmittel wie Linien, Rahmen und das Hervorheben wichtiger Informationen durch Texteffekte wie fett oder kursiv.

Muster-Deckblatt ohne Foto

Bewerbungsunterlagen

für die

Novalis GmbH

Angestrebte Tätigkeit:

Außendienstmitarbeiter

Bernd Nolden
Lessingstraße 113
31112 Bremen
Fon: 0412 / 25 90 17
Mobil: 0173 / 57 83 901
E-Mail: bnolden@gtx.de

Muster-Deckblatt mit Foto

Bewerbung für die MARIBU AG

Technischer Einkäufer

Diplom Wirtschaftsingenieur
Marius Marin
Breite Straße 59
40560 Düsseldorf
Tel.: 0211 / 45 98 751
E-Mail: marius.marin@web.de

Düsseldorf, 19.11.2005

Das Bewerbungsfoto

Auch wenn es einige Personalverantwortliche immer wieder bestreiten, die meisten schauen doch bei den Bewerbungsunterlagen zunächst auf das Foto. Schließlich sagt ein Bild mehr als tausend Worte. Natürlich erwartet von Ihnen niemand Hochglanzfotos für ein Model-Casting. Dennoch gilt auch für Ihre Bewerbungsmappe eine der Grundregeln aus dem Marketing, nämlich „Bild schlägt Text".

Die Macht der Bilder können Sie für den ersten Eindruck auf Ihren Ansprechpartner geschickt nutzen. Bilder wirken auf unser Unterbewusstsein. Sie sprechen unsere emotionale Seite an. Daher entscheidet häufig bereits das Bewerbungsfoto über Sympathie oder Abneigung. Das hört sich für Sie nach Schubladendenken an? Das ist es auch, aber sind Sie prinzipiell gegenüber allen Menschen gleich offen? Die wenigsten von uns können sich ihrem ersten „Bauchgefühl" entziehen und wirklich objektiv auf andere zugehen.

Wenn die Botschaft des Fotos stimmt, ist Ihr Ansprechpartner vielleicht bereit, über einen kleinen Fehler in Ihrer Bewerbung hinwegzusehen. Ein Foto, das Sympathie und Kompetenz ausstrahlt, erhöht die Chance auf eine Einladung zum Vorstellungsgespräch. Eventuell ist dann auch die kleine Lücke im Lebenslauf nicht mehr so wichtig.

Betrachten Sie also Ihr Bewerbungsfoto nicht nur als notwendiges Übel, sondern als vertrauensbildende Maßnahme.

Ein optimales Bewerbungsfoto informiert über Ihre Persönlichkeit und Ihren Charakter. Die Investition in ein ausdrucksstarkes Foto lohnt sich daher auf jeden Fall.

So setzen Sie sich gekonnt in Szene

- Mensch statt Maschine. An einem guten und professionellen Fotografen führt kein Weg vorbei. Automatenfotos aus der Bahnhofshalle kommen nicht in Frage. Sparen Sie hier nicht am falschen Ende.
- Bei einem Vorstellungstermin muss man Sie wieder erkennen können. Verwenden Sie daher nur aktuelle Aufnahmen. Bewerbungsfotos sollten nicht älter als zwei Jahre sein.
- Wählen Sie ein geeignetes Format. Verwenden Sie keine Fotos in Passbildgröße (4 x 6 Zentimeter). Diese können mit einem mangelnden Selbstwertgefühl in Verbindung gebracht werden. Entscheiden Sie sich daher für Porträtfotos mit einer Größe von mindestens 5 x 7 Zentimetern und maximal 8 x 10 Zentimetern. Postkartenporträts wirken schnell eitel und überheblich.
- Statt der üblichen Kopf-und-Kragen-Fotos können Sie auch einmal andere Varianten probieren. Ein interessan-

tes Foto, bei dem das Gesicht des Bewerbers angeschnitten und nicht in der Mitte positioniert ist, kann ein echter Blickfang sein. Die Individualität der Bewerbung wird dadurch unterstrichen. Es spricht auch nichts dagegen, dass Ihr Oberkörper komplett auf dem Foto zu sehen ist. Nur Ganzkörperfotos sind tabu.

- Ob Sie Farb- oder Schwarzweißfotos verwenden, ist Geschmackssache. Ein qualitativ hochwertiger Farbabzug vermittelt häufig einen realistischeren Eindruck. Daher sind Schwarzweißaufnahmen in der Bewerbungspraxis eher die Ausnahme. Andererseits kommen viele Bewerber auf einem Schwarzweißfoto besser zur Geltung, da zum Beispiel Hautirritationen nahezu komplett ausgeglichen werden. Darüber hinaus wirkt ein Schwarzweißfoto in der Regel professioneller, sachlicher und edler. Als Führungskraft geben Sie daher eher dieser Form der Präsentation den Vorzug.
- Ihre Kleidung stimmen Sie am besten auf die Branche und den Betrieb ab, bei dem Sie sich bewerben. Wenn Ihnen bekannt ist, wie das Unternehmen nach außen auftritt, dann wissen Sie auch, wie sich die Mitarbeiter präsentieren. Im Zweifel wählen Sie eher ein klassisch-konservatives Outfit: Für Herren empfiehlt sich ein Jackett mit einem dazu passenden Hemd. Eine Krawatte tragen Sie nur dann, wenn dies im neuen Job auch von Ihnen erwartet wird. Falls Sie in der neuen Position auch mal anpacken müssen, kann eine Krawatte eher kontraproduktiv sein. Als Bewerberin sind Sie mit einem Blazer mit passender Bluse immer gut angezogen. Verzichten Sie auf auffälligen Schmuck, und verwenden Sie dezentes Make-up. Vermeiden Sie – als Bewerberin und Bewerber – grundsätzlich stark gemusterte und allzu bunte Kleidung. Diese lenkt auf dem Foto von Ihrem Gesicht ab und kann zu Lästereien in der Personalabteilung führen.
- Gehen Sie gut gelaunt und ausgeglichen zu Ihrem Fototermin. Zeigen Sie sich von Ihrer Schokoladenseite und blicken Sie freundlich und offen in die Kamera. Schauen Sie auch auf dem Bewerbungsfoto den Betrachter direkt an. Lächeln Sie nicht nur mit dem Mund, sondern auch mit den Augen. Vermeiden Sie ein zu breites Grinsen, aber auch den typischen Bambi-Blick auf vielen Bewerbungsfotos. Ein guter Fotograf wird Ihnen weitere Tipps und Anregungen geben. Er macht zunächst Probeaufnahmen und bespricht mit Ihnen die Ergebnisse. Nehmen Sie am besten auch verschiedene Kleidungsstücke mit. Dies gilt umso mehr, wenn Sie sich bei mehreren Betrie-

ben bewerben. Spielen Sie auch etwas mit Ihrem Erscheinungsbild. Variieren Sie zwischen klassischer oder eher legerer Kleidung.

- Lassen Sie Ihre Bewerbungsfotos von einem Freund bewerten. Fragen Sie aber nicht nur, welches Foto ihn persönlich am meisten anspricht, sondern vor allem, welches am besten zu der Position passt, für die Sie sich bewerben.

> **› Tipp**
>
> Einige Bewerbungs-Coaches und Karriereberater empfehlen bei Postbewerbungen ausschließlich einen Originalabzug des Fotos. Dafür spricht, dass ein Papierfoto die besondere Bedeutung der Bewerbung unterstreicht. Es wirkt hochwertig und exklusiv. In der Praxis sind jedoch mittlerweile auch digitale Formate durchaus anerkannt. Allerdings lässt sich auch das sympathischste Lächeln durch Streifen, blasse Farben und Ähnliches verunstalten. Daher muss bei Digitalfotos die Qualität des Ausdrucks exzellent sein. Wenn Sie über einen sehr guten Drucker verfügen, können Sie sich ruhig auch für diese Alternative entscheiden.

Die beste Position für Ihr Foto

Für die Platzierung Ihres Bewerbungsfotos stehen Ihnen die folgenden Möglichkeiten zur Verfügung:

- Bereits weit verbreitet ist das Foto auf dem Deckblatt.
- Andererseits können Sie es auch in Ihren Lebenslauf einfügen. Das ist die eher klassische Alternative. Hier wird Ihr Porträt im rechten oberen Rand positioniert. Da das Bewerbungsfoto leicht von den Inhalten des Lebenslaufs ablenkt, wählen Sie bei dieser Variante lieber ein kleineres Format. Allerdings ist es dadurch auch weniger aussagekräftig.
- Entscheidend ist aber nur, dass Sie sich für eine Alternative entschließen. Die Sowohl-als-auch-Version scheidet völlig aus.
- Falls Sie für Ihre Bewerbung einen Original-Abzug verwenden, geben Sie sicherheitshalber auf der Rückseite des Bildes mit Bleistift Ihren Namen und Ihre vollständige Adresse an. So kann das Foto, falls es sich von Ihren Unterlagen löst, ihnen später wieder zugeordnet werden.
- Benutzen Sie zur Befestigung des Fotos einen Klebestift. Fotoecken gehören in Ihr Urlaubsalbum, aber nicht in Ihre Bewerbungsmappe. Auch Büroklammern sind nicht geeignet. Nahezu die Hälfte aller Bilder, die mit einer Büroklammer angebracht wurden, geht verloren. Absolut tabu sind Tacker. Damit gehen Sie zwar auf Nummer sicher, aber wer hat schon gerne eine Heftklammer im Kopf?

Der Lebenslauf

Neben dem Anschreiben ist der Lebenslauf das wichtigste Dokument Ihrer Bewerbung. Während das Anschreiben darüber entscheidet, mit welcher Aufmerksamkeit sich Ihr Ansprechpartner mit Ihren weiteren Unterlagen beschäftigt, vermittelt der Lebenslauf die wesentlichen Argumente für die Einladung zum Vorstellungsgespräch.
Der Lebenslauf darf daher nicht nur eine chronologische Aufzählung Ihrer beruflichen Stationen und Ihres Ausbildungswegs sein. Es muss vielmehr ein roter Faden in Ihrer bisherigen Berufsbiografie erkennbar sein. Machen Sie deutlich, dass Sie Ihre Karriereziele konsequent verfolgen. Wenn Sie die folgenden Grundregeln beachten, können Sie nichts falsch machen:

- Gestalten Sie Ihren Lebenslauf inhaltlich möglichst lückenlos.
- Bleiben Sie bei der Wahrheit. Alle wesentlichen Angaben belegen Sie durch Zeugnisse, Bescheinigungen über Weiterbildungen, Arbeitsproben oder Beispiele aus der Praxis.
- Zeigen Sie Ihre berufsrelevanten Qualifikationen und Erfolge auf.

› Tipp

Für einen erfahrenen Personalreferenten reicht eine Minute für die erste Analyse eines Lebenslaufs aus. Daher ist es wichtig, dass auch im Lebenslauf alle Informationen leserfreundlich aufgearbeitet sind. Trennen Sie Wichtiges von Unwichtigem: Dokumentieren Sie alles, was Ihnen hinsichtlich der gewünschten Stelle Vorteile bringt, und verzichten Sie auf überflüssige Angaben.
Das bedeutet, dass es den Einheitslebenslauf nicht gibt. Wenn Sie sich um unterschiedliche Positionen bewerben, ist es daher leider unvermeidbar, dass Sie auch unterschiedliche Lebensläufe verfassen. Nutzen Sie auch hier die Chance – wie bereits beim Anschreiben –, sich dem Unternehmen als optimaler Kandidat vorzustellen. Aus beiden Dokumenten sollte hervorgehen, dass Sie genau dem Anforderungsprofil der angestrebten Position entsprechen. Daher – auch wenn es schwer fällt – bitte keine Serienlebensläufe.

Die äußere Form

- Der moderne Lebenslauf hat eine zweispaltige tabellarische Form. Die linke Spalte enthält Gliederungsschwerpunkte und Zeitangaben, die rechte Detailangaben. Den Lebenslauf in Aufsatzform, den Sie vielleicht noch aus der Schule kennen, vergessen Sie lieber ganz schnell. Er ist heute nicht mehr üblich.
- Da sich ein gelungener Lebenslauf durch Übersichtlichkeit und Aussage-

kraft auszeichnet, müssen heutzutage nicht mehr alle Daten auf eine Seite gequetscht werden. Für erfahrene Praktiker ist ein dreiseitiger Lebenslauf keine Ausnahme, wobei jede Seite etwa 30 Informationszeilen verträgt.

- Setzen Sie klare Schwerpunkte. Diese können fett, kursiv oder unterstrichen bzw. durch eine größere Schrift optisch hervorgehoben werden. Vermeiden Sie aber mehr als zwei Texteffekte. Wählen Sie den gleichen Schrifttyp wie in Ihrem Anschreiben mit einer Schriftgröße von mindestens 11 Punkt.

Die Qual der Wahl

Verbindliche Vorgaben für den Lebenslauf gibt es nicht. Daher haben Sie prinzipiell die Entscheidungsmöglichkeit zwischen zwei Varianten:
Immer noch weit verbreitet ist der chronologische oder auch deutsche Lebenslauf. Er beginnt mit der Schulausbildung und endet mit Ihrem aktuellen oder letzten Beschäftigungsverhältnis. Der klassische Aufbau ist besonders für Bewerbungen in eher konservativen Branchen und dem öffentlichen Dienst geeignet. Diese Variante wählen am besten auch Berufseinsteiger und Hochschulabsolventen mit nur wenig Praxiserfahrung.
Ein Beispiel für den traditionellen Lebenslauf finden Sie auf Seite 69 f.

Immer mehr Bewerber wählen allerdings den rückwärts-chronologischen Aufbau. Der retrograde oder auch amerikanische Lebenslauf beginnt mit der aktuellen Position, danach geht es auf der Zeitachse bis zum Schulabschluss chronologisch zurück. Insbesondere für Bewerber mit langjähriger Berufserfahrung ist diese Version die beste Wahl. Ihr Vorteil liegt darin, dass Ihr Ansprechpartner bereits auf den ersten Blick alle relevanten Informationen zu Ihrem derzeitigen Arbeitsplatz erhält. Er muss also nicht bei Adam und Eva (Schulbildung) beginnen, um die wichtigsten Informationen über den Bewerber zu erhalten. Da dieser Aufbau wesentlich leserorientierter ist als die traditionelle Alternative, wird er auch von uns bevorzugt. Im weiteren Verlauf dieses Abschnitts werden wir Ihnen den amerikanischen Lebenslauf näher erläutern. Beachten Sie aber bitte, dass Sie auch mit dem chronologischen Lebenslauf nichts falsch machen. Die meisten Personalverantwortlichen kommen problemlos mit beiden Varianten zurecht. Wichtig ist nur, dass Sie sich für eine Form entscheiden und diese dann auch konsequent einhalten.
Die Ausarbeitung eines Lebenslaufs ist zwar immer etwas zeitaufwändig, doch dafür werden Sie am Ende des folgenden Kapitels über alle wesentlichen Inhalte für Ihren individuellen Lebenslauf verfügen.

Übersicht

Muster für einen retrograden Lebenslauf

Lebenslauf

Persönliche Daten ①
Vor- und Nachname
Straße
PLZ und Wohnort
Telefon/(Faxnummer)
evtl. Mobilfunknummer
evtl. E-Mail-Adresse

evtl. Staatsangehörigkeit
Geburtsdatum und -ort
evtl. Familienstand

Porträtfoto

②

Berufserfahrung ③

seit xx/xxxx	aktuelle Position, Unternehmen/Firma, Ort (evtl. Branche und Abteilung) Verantwortungsbereiche und Aufgaben
xx/xxxx – xx/xxxx	vorherige Position, Unternehmen/Firma, Ort (evtl. Branche und Abteilung) Verantwortungsbereiche und Aufgaben
xx/xxxx – xx/xxxx	Einstiegsposition; Unternehmen/Firma, Ort (evtl. Branche und Abteilung) Verantwortungsbereiche und Aufgaben

Berufliche Weiterbildung ④

xx/xxxx – xx/xxxx	Seminar/Kurs, Institution, Ort

Studium/Berufsausbildung ⑤

xx/xxxx – xx/xxxx	Studienfächer, Name der Universität/ Fachhochschule, Ort, evtl. Studienschwerpunkte, Thema der Examensarbeit und Auslandssemester
xx/xxxx	Studienabschluss/Titel, Abschlussnote
xx/xxxx – xx/xxxx	Art der Berufsausbildung, Ausbildungsfirma/ -institution, Ort
xx/xxxx	Abschluss und Note

Wehr-/Zivildienst ⑥

xx/xxxx – xx/xxxx	Funktion, Institution, Ort

Schulbildung ⑦

xx/xxxx – xx/xxxx	besuchte Schule/Schultyp, Ort Abschluss, Note

Zusatzqualifikationen ⑧

Sprachen	Sprache (Bewertung)
EDV-Kenntnisse	Betriebssysteme (Bewertung) Programme/Anwendungen (Bewertung)
weitere Angaben	Führerscheine, Kurzschrift, Ausbilder-Eignungsprüfung

Sonstiges ⑨

Engagement	Ehrenamt, Institution/Verein Funktion
Interessen/Hobbys	z. B. Sport, Reisen, Fotografie

Ort, Datum	Unterschrift (Vor- und Zuname) ⑩

Übersicht

Muster für einen chronologischen Lebenslauf

Vor- und Nachname – Straße – PLZ und Wohnort
Telefon – E-Mail-Adresse ①

Lebenslauf

Persönliche Daten ①	Geburtsdatum und -ort Familienstand evtl. Staatsangehörigkeit
Schulbildung ⑦	
xx/xxxx – xx/xxxx	besuchte Schule/Schultyp, Ort Abschluss, Note
Wehr-/Zivildienst ⑥	
xx/xxxx – xx/xxxx	Funktion, Institution, Ort
Studium ⑤	
xx/xxxx – xx/xxxx	Studienfächer, Name der Universität/ Fachhochschule, Ort
xx/xx/xxxx	Studienabschluss/Titel, Abschlussnote
	Thema der Examensarbeit, Note
	Studienschwerpunkte und Auslandssemester
Praktika ⑤	
xx/xxxx – xx/xxxx	Unternehmen/Firma, Ort (evtl. Branche und Abteilung) Verantwortungsbereiche und Aufgaben

xx/xxxx – xx/xxxx	Unternehmen/Firma, Ort (evtl. Branche und Abteilung) Verantwortungsbereiche und Aufgaben
Berufstätigkeit ③	
xx/xxxx – xx/xxxx	Einstiegsposition, Unternehmen/Firma, Ort (evtl. Branche und Abteilung) Verantwortungsbereiche und Aufgaben
xx/xxxx – heute	aktuelle Position, Unternehmen/Firma, Ort (evtl. Branche und Abteilung) Verantwortungsbereiche und Aufgaben
Zusatzqualifikationen ⑧	
Sprachen	Sprache (Bewertung)
EDV	Betriebssystem (Bewertung) Programme/Anwendungen (Bewertung)
Weitere Angaben	Führerscheine, Kurzschrift
Interessen ⑨	
Engagement	Ehrenamt, Institution/Verein Funktion
Hobbys	z. B. Theater, Joggen und Schwimmen

Ort, Datum ⑩

Unterschrift (Vor- und Zuname)

Das 1x1 des Lebenslaufs

① Persönliche Daten

Ihr Lebenslauf beginnt mit einigen Daten zu Ihrer Person. Falls Sie für Ihre Bewerbung kein Deckblatt verwenden möchten, führen Sie jetzt Ihren Vor- und Nachnamen, Ihre Adresse sowie Ihre Rufnummer(n) auf. Danach geht es weiter mit Geburtsdatum und -ort (wenn Sie im Ausland geboren wurden, auch dem Herkunftsland) und dem Familienstand.

Viele Angaben, die noch vor einiger Zeit in keinem Lebenslauf fehlen durften, sind heute kein Muss mehr. So ist die Nennung der Staatsangehörigkeit inzwischen nicht mehr zwingend erforderlich. Geben Sie Ihre Nationalität daher nur an, wenn Sie nicht über die deutsche Staatsangehörigkeit verfügen oder aber Ihr Name zu Fragen hinsichtlich Ihrer Herkunft führen kann.

Die Berufe Ihrer Eltern und die Anzahl der Geschwister brauchen nur noch Bewerber um einen Ausbildungsplatz aufzuführen. Auch die Religionszugehörigkeit ist entbehrlich. Ausnahmen gelten nur bei Bewerbungen in konfessionellen Einrichtungen wie Kindergärten, Jugendclubs, Krankenhäusern, sofern die Religionszugehörigkeit für die zu besetzende Position relevant ist.

Auch Aussagen zu Familienstand und Kinderzahl brauchen Sie prinzipiell nicht zu machen. Allerdings werden diese Angaben von einigen Personalverantwortlichen durchaus noch erwartet. Vermeiden Sie hier besser Aussagen, die beim Leser negative Assoziationen auslösen könnten. Ersetzen Sie zum Beispiel „geschieden“ oder „getrennt lebend“ durch „unverheiratet“ oder „verheiratet“.

› Tipp

Gerade bei Bewerberinnen kann die Nennung der Kinder immer noch problematisch sein, obwohl die Vereinbarkeit von Familie und Beruf bei vielen Unternehmen mittlerweile ganz oben auf der Agenda steht. Einige Arbeitgeber befürchten jedoch – gerade bei der Erziehung kleiner Kinder – hohe Fehlzeiten und den damit verbundenen Mehraufwand in ihrem Betrieb. Falls Sie Ihre Küken dennoch angeben möchten, machen Sie einen kurzen Vermerk, dass auch deren Betreuung gewährleistet ist (etwa durch einen Ganztagskindergarten) oder zeigen Sie, dass Ihr Nachwuchs bereits aus dem Gröbsten heraus ist.

Wenn Sie ein Deckblatt erstellt haben, kann diese Rubrik im Lebenslauf folgendermaßen aussehen:

Zur Person
Renate Harms
geb. am 14.10.1965 in Mainz, verheiratet,
zwei Kinder (13 und 16 Jahre)

② Das Porträtfoto

Wie bereits erwähnt, ist das Bewerbungsfoto nur Bestandteil dieser Seite, wenn Sie sich entschieden haben, ein Deckblatt ohne Foto zu erstellen oder ganz auf ein Titelblatt zu verzichten.

③ Berufserfahrung/Berufstätigkeit

Zu den einzelnen Stationen in Ihrem Lebenslauf gehören nicht nur Jahres-, sondern auch Monatsangaben. Die ultimative Form der Zeitangabe gibt es allerdings nicht. Bewährt haben sich folgende Varianten:

- 02/2002 – 08/2004
- Februar 2002 – August 2004
- Febr. 2002 – Aug. 2004

Um sich mit Ihrem Lebenslauf als Volltreffer zu präsentieren, gehen Sie am besten ins Detail und ergänzen jeden Abschnitt Ihrer Berufsbiografie stichwortartig mit drei bis fünf Aufgabenbereichen. Zusätzlich können Sie zwei bis drei interessante Projekte, Sonderaufgaben oder besondere Erfolge angeben. Dabei orientieren Sie sich an der Aktualität und der Dauer des einzelnen Beschäftigungsverhältnisses. Bei aktuellen oder besonders wichtigen Etappen können Sie ausführlichere Angaben machen. Zeigen Sie, dass Sie hinsichtlich der gestellten Aufgaben über umfassende Berufserfahrung verfügen. Nutzen Sie auch im Lebenslauf die Möglichkeit, Ihre Kompetenzen und Qualifikationen optimal darzustellen. Beispiel:

seit 04/2003	Trias Technologies AG, Koblenz **Marketingassistentin** Aufgaben: Konzeption von Direktmarketingmaßnahmen Steuerung und Kontrolle der Aktionen Etatplanung und Kostenüberwachung Reporting über CRM-Datenbank Organisation und Durchführung von Messe-Auftritten
05/2001 – 03/2003	Filou GmbH, Neuwied **Kundenberaterin** Aufgaben: Bearbeitung und Abwicklung der Anfragen und Aufträge Angebotskalkulation Betreuung der Kunden und Vertriebspartner Entwicklung von Verkaufsförderungsmaßnahmen

Jetzt haben Sie wieder Gelegenheit, sich die Basis Ihres Lebenslaufs zu erarbeiten:

Aktuelle (letzte) Position:

____

____

Aufgaben/Projekte:

____

____

____

____

Vorherige Position:

Aufgaben/Projekte:

Einstiegsposition:

Aufgaben/Projekte:

④ Berufliche Weiterbildung

Hier führen Sie alle Bildungsveranstaltungen auf, die für die angestrebte Tätigkeit relevant sind. Dies können Kurse zu fachlichen Themen sein (etwa Qualitätsmanagement, Arbeitssicherheit, kaufmännische Sachbearbeitung, EDV), aber auch Fortbildungen im Bereich der persönlichen und sozialen Kompetenz (Führung, Teamarbeit, Rhetorik und Kommunikation oder Arbeitstechniken). Führen Sie die entsprechenden Maßnahmen mit Originaltitel, Veranstalter und Ortsangabe auf, und erläutern Sie eventuell kurz die Inhalte. Selbstverständlich können Sie auch innerbetriebliche Veranstaltungen angeben. Beispiele:

07/2004	Statistische Versuchsplanung für Ingenieure, Zentrum für Technik, Dresden Grundlagen für die Erstellung von Versuchsplänen Auswertung von Versuchsplanungsdaten
09/2003	REFA-Grundausbildung, REFA BV, Münster Arbeitssystem- und Prozessgestaltung Prozessdatenmanagement
03/2003	Von der Fach- zur Führungskraft, Institut für Management, Bad Neuenahr Rollenwechsel und Akzeptanz Führungsinstrumente von A – Z Führen in kritischen Situationen

Fach- und Führungskräfte verfügen oft über eine umfangreiche Seminar- und Trainingserfahrung. Aber auch sie brauchen nicht jedes Detail ihrer Seminarkarriere aufzulisten. Eine Auswahl von etwa fünf Veranstaltungen mit noch aktuellen Inhalten darf es allerdings schon sein.

Ihre Lehrgänge, Seminare und Trainings:

⑤ Studium/Berufsausbildung

Für Hochschulabsolventen, die bisher nur wenig Berufserfahrung haben, ist es wichtig, ihr Studium und ihren Abschluss möglichst präzise darzustellen, um ihrem Ansprechpartner zu signalisieren, dass der Bewerber über das nötige Basiswissen für die angestrebte Position verfügt. Beispiel:

04/2000 – 04/2005	Studium der Betriebswirtschaftslehre an der Ruhr-Universität, Bochum Diplom-Kaufmann (Abschlussnote: 2,2) Diplomarbeit: „Segmentberichterstattung im Konzern", Note 2,4 Studienschwerpunkte: Unternehmensführung; Controlling und Rechnungslegung

Als frisch gebackener Uni-Absolvent ist es besonders wichtig, auf erste Berufserfahrungen hinzuweisen. Diese Bewerbergruppe sollte daher auch Praktika und studienbegleitende Tätigkeiten differenzierter dokumentieren. Beispiele:

Praktikum

10/2002 – 03/2003	Rubicon Group, Stuttgart Mitarbeit im Bereich Controlling Assistenz bei der Erstellung von Programmberichten Verfolgung von Entwicklungskosten Aufbereitung von Änderungskalkulationen

Studienbegleitende Tätigkeit

10/2000 – 03/2002	Studentische Hilfskraft am Lehrstuhl für Betriebswirtschaft Mitarbeit an verschiedenen Projekten (Absatz-, Konsum- und Verhaltensforschung)

Wenn Sie ein Hochschulstudium begonnen, aber nicht abgeschlossen haben, dann führen Sie alle wesentlichen Daten bis auf den Studienabschluss auf. Sie müssen allerdings damit rechnen, dass man in einem eventuellen Vorstellungsgespräch auf diesen Punkt zu sprechen kommt.

Wenn Sie als Akademiker eine mehr als fünfjährige Berufspraxis mitbringen, können Sie die Angaben zum Studium in diesem Abschnitt wesentlich kürzer gestalten:

10/1999 – 07/2005	Maschinenbau-Studium an der Technischen Universität Hamburg-Harburg Diplom-Ingenieur Maschinenbau, Note: 2,7

Relativ knapp können dann ebenfalls die Daten zur Berufsausbildung gehalten werden:

08/2001 – 07/2004	Elektronik GmbH, Nürnberg Ausbildung zum Groß- und Außenhandelskaufmann Gesamtnote: gut

Für Bewerber, die erst vor kurzem ihre Ausbildung abgeschlossen haben, geht es ein wenig detaillierter.

08/2001 – 07/2004	Alfred Stolle GmbH, Duisburg Ausbildung zur Industriekauffrau Mitarbeit in den Abteilungen Einkauf und Logistik sowie Vertrieb Abschlussprüfung Industriekaufmann, Gesamtnote: gut

Natürlich informieren Sie auch hier nur über Ausbildungsstationen, die für den zukünftigen Arbeitsplatz relevant sind.

Ihre Angaben zu Studium und/oder Berufsausbildung:

____

____

____

____

____

____

⑥ Wehr- und Zivildienst

Auch Angaben über Wehr- und Zivildienst oder ein soziales Jahr beinhalten einen gewissen Informationswert, der von Ihrem zukünftigen Arbeitgeber durchaus positiv interpretiert werden kann. Wenn Sie unter diesem Punkt etwas mitzuteilen haben, tun Sie es. Zwei Beispiele:

09/2003 – 05/2004	Redaktionssoldat in der Redaktion Streitkräftebasis, Bonn Aufbereitung von Texten und Grafiken für ein Internetmagazin Dateneingabe und -pflege mittels CMS
08/2002 – 05/2003	Arbeiter-Samariter-Bund, Bochum Zivildienstleistender Fahrer im Krankentransport Ausbildung zum Rettungshelfer

Jetzt sind Sie am Zug:

____

____

____

____

⑦ Schulbildung

Mit einer ausführlichen Darstellung ihrer schulischen Laufbahn locken berufserfahrene Bewerber keine Katze mehr hinter dem Ofen hervor. Informationen zur letzten Schule sowie Besuchsdauer und Abschluss sind völlig ausreichend. Hinsichtlich der Zeitintervalle kann unter dieser Rubrik auf die Monatsangabe verzichtet werden. Falls Ihre Schulzeit noch nicht allzu lange zurückliegt, können Sie allerdings Ihre Abschlussnote angeben:

1990 – 1999	Friedrich-Ebert-Gymnasium, Berlin
12.06.1999	Abitur, Abschlussnote: 2,4

Wenn Ihre Schulkarriere nicht geradlinig verlief, kann zu große Offenheit wieder äußerst kontraproduktiv sein. Beispiel:

09/1982 – 07/1986	Grundschule am Kennedy Park, Frankfurt
09/1986 – 07/1990	Konrad-Adenauer-Gymnasium, Frankfurt
09/1990 – 07/1993	Hölderlin Realschule, Wiesbaden/Mittlere Reife

Hier wird der Leser mit der Nase auf Brüche in der schulischen Entwicklung gestoßen. Um Nachteile im Bewerbungsverfahren zu vermeiden, wäre es besser gewesen, wenn sich der Bewerber auf die Angabe der wesentlichen Daten beschränkt hätte:

23.6.1993	Hölderlin Realschule, Wiesbaden Mittlere Reife

Zu diesen Grundsätzen gibt es allerdings zwei Ausnahmen:

- Etwas ausführlicher kann diese Station von Bewerbern dargestellt werden, die den umgekehrten Weg in ihrer Schullaufbahn beschritten haben, also beispielsweise den Wechsel von der Realschule auf ein Gymnasium. Der Erwerb eines Abschlusses über den zweiten Bildungsweg spricht ebenfalls für sich. In solchen Fällen erkennt der Leser die besondere Leistungsorientierung und Lernbereitschaft des Bewerbers.
- Selbstverständlich kommen Bewerber um einen Ausbildungsplatz an der kompletten Auflistung der besuchten Schulen nicht vorbei.

Ihre Daten:

____

____

____

____

⑧ Zusatzqualifikationen/ Besondere Kenntnisse

Hierzu zählen besondere Sprach- und Computerkenntnisse. Aber auch andere Qualifikationen, die für den potenziellen Arbeitgeber relevant sind, werden unter dieser Rubrik genannt (etwa technische Kenntnisse, methodisches Wissen oder Führerscheine).
Gliedern Sie den Block „Zusatzqualifikationen" in mehrere Abschnitte (zum Beispiel Sprachen und EDV). Wichtig ist, dass Sie die Zusatzqualifikationen in den einzelnen Abschnitten nicht nur auflisten, sondern auch bewerten. Damit Sie in den ersten Tagen im neuen Job nicht negativ auffallen, bleiben Sie allerdings auch hier lieber bei der Wahrheit.
Orientieren Sie sich bei der Beurteilung Ihrer Sprachkenntnisse an folgendem Muster:

- Grundkenntnisse
- gut
- sehr gut bzw. fließend
- verhandlungssicher

Für Ihre EDV-Kenntnisse gilt: Listen Sie Ihr Know-how detailliert auf. Falls Sie über ein umfangreiches Wissen verfügen, sollten Sie diesen Abschnitt noch einmal in Unterpunkte aufteilen (zum Beispiel Betriebssysteme, Anwendungen, Programmiersprachen und Hardware). Auch hier beurteilen Sie natürlich Ihre Praxiskenntnisse:

- Grundkenntnisse
- gut
- sehr gut
- ständig in Anwendung

Ein Praxisbeispiel:

Zusatzqualifikationen

Sprachen:	Englisch (gute Kenntnisse in Wort und Schrift)
PC-Kenntnisse:	Windows-Betriebssysteme und MS-Office-Anwendungen (sehr gut)
Programmierung:	CNC und SPS (sehr gut)
Maschinensteuerung:	Siemens 820, Heidenhain
Führerschein	Klasse B

Nun haben Sie hier wieder die Möglichkeit, Ihre besonderen Kenntnisse zu präsentieren:

Sprachen:

____

____

____

____

EDV:

____

____

____

____

Weitere Kenntnisse:

____

____

____

⑨ Sonstiges

An der Frage, ob im Lebenslauf besondere Interessen und Hobbys angegeben werden sollten, scheiden sich die Geister. Prinzipiell sind diese Angaben freiwillig. Wir empfehlen allerdings Hobbys aufzuführen, wenn Sie zu Ihrer Persönlichkeit oder der Bewerbung passen. Anhand der Hobbys kann sich Ihr Ansprechpartner ein Bild von dem Menschen machen, der hinter den Daten des Lebenslaufs steht. Das wirkt sympathisch, und Sie zeigen, dass Sie auch Ihre Freizeit aktiv gestalten.
Aufgrund der hohen Verletzungsgefahr lassen Sie allerdings Informationen zu Extremsportarten wie Fallschirmspringen, Gleitschirmfliegen oder Boxen in Ihrem Lebenslauf besser unter den Tisch fallen. Eher zurückhaltend sollten Sie auch sein, wenn Sie Leistungssport betreiben. Für einige Personalentscheider ist dies eventuell ein weiterer Beleg für Ihre Siegermentalität, andere fürchten dagegen um Ihre Leistungsfähigkeit im Betrieb nach einem anstrengenden Training oder Wettkampf.
Grundsätzlich können Sie mit klassischen Mannschaftssportarten wie Basketball oder Volleyball, die nicht allzu verletzungsintensiv sind, punkten. Diese Angaben sprechen für Geselligkeit und Teamorientierung. Mit „moderaten“ Individualsportarten wie Joggen, Radfahren oder Schwimmen präsentieren Sie sich als einen Mitarbeiter, der seine

körperliche Leistungskraft (auch) für den Arbeitsplatz erhalten möchte. Über eine ehrenamtliche und soziale Tätigkeit sollten Sie auf jeden Fall informieren. Damit zeigen Sie gesellschaftspolitisches Engagement, hohe Sozialkompetenz und Verantwortungsbewusstsein.

Engagement

aktives Mitglied der WWF-Gruppe, Münster

Rettungsdiensthelfer bei der Johanniter-Unfall-Hilfe, Münster

Ihr persönliches Engagement und Ihre Freizeitaktivitäten:

Engagement:

____

____

____

____

____

Interessen:

____

____

____

____

____

⑩ Ort, Datum und Unterschrift

Mittlerweile ist es üblich, den Lebenslauf eigenhändig zu unterschreiben. Auch hier wirkt ein Autogramm in Königsblau edel und verbindlich. Geben Sie zusätzlich Ort und Datum an.

Die folgenden Seiten enthalten, wie Sie es bereits vom Anschreiben kennen, einen Lebenslauf in seiner ursprünglichen und der korrigierten Form. Selbstverständlich sind Sie wiederum aufgefordert, den Ausgangstext mit den Augen eines Personalverantwortlichen zu betrachten. Welche Verbesserungsvorschläge können Sie unserem Bewerber machen?

Vorher, nachher – ein kommentierter Muster-Lebenslauf

Der Bewerber

Artur Wibe ist 35 Jahre jung und stammt ursprünglich aus Kasachstan. Geboren und aufgewachsen in Alma-Ata (Almaty), absolvierte er eine Ausbildung zum Mechaniker. Danach arbeitete er vier Jahre lang in seinem erlernten Beruf im Traktorenwerk Potemkin. Im Jahr 1992 reiste er als Spätaussiedler in die Bundesrepublik Deutschland ein. Nach einem einjährigen Sprachkurs, begann er sein Beschäftigungsverhältnis bei den Krieger-Werken in Leverkusen. Hier arbeitete er zunächst als Einrichter. Nach einem Intermezzo als Springer stieg er zum Anlagenführer auf. Aufgrund der absehbaren Stilllegung seines Betriebsteils sucht er nun eine neue Herausforderung.

Der Original-Lebenslauf

Lebenslauf

Persönliche Daten: ①

Name:	Wibe
Vorname:	Artur
Anschrift:	Berlinerstraße 5
Wohnort:	50673 Köln
Telefon:	0221 / 22 88 99
Mobil:	0174 / 54 90 239
E-Mail:	a.wibe@web.de
Geburtsdatum:	14.10.1970
Geburtsort:	Almaty, Kasachstan
Staatsangehörigkeit:	deutsch
Religionszugehörigkeit:	evangelisch
Familienstand:	verheiratet (2 Kinder, 6 und 8 Jahre)

Werdegang ②

06.1994 bis heute	**Krieger-Werke GmbH & Co KG, Leverkusen** Produktionsmitarbeiter – Fertigung von Spezialprofilen für den Maschinen- und Fahrzeugbau
③ 12.12.1992	Einreise nach Deutschland
08.1988 – 10.1992	**Traktorenwerk Potemkin, Almaty, Kasachstan** Mechaniker

Berufsausbildung: ④

09.1986 – 07.1988	**Ausbildung zum Mechaniker, Berufsschule für Gewerbe und Technik, Almaty, Kasachstan** Mechaniker

Schule:

09.1976 – 06.1986	**Mittelschule in Almaty, Kasachstan** Abschluss: Allgemeine Hochschulreife

Besondere Kenntnisse: ⑤

Computer-Kenntnisse:	Microsoft Windows 98
Sprachen:	Deutsch (sehr gut) Russisch (Muttersprache)

Interessen: ⑥ Sport mit Aussiedlern, Fernsehen, Videospiele

A. Wibe ⑦

Bewertung des Lebenslaufs

Ihre Verbesserungstipps für Arturs Lebenslauf:

① Die Gestaltung der Überschriften der einzelnen Stationen des Lebenslaufs ist ein typisches Beispiel für das bewährte Prinzip „Weniger ist mehr". Statt sämtliche Schriftschnitte (fett, kursiv, unterstrichen) zu verwenden, die Arturs Textverarbeitungsprogramm hergibt, hätte eine Hervorhebung mittels Fettschrift ausgereicht.

Die linke Spalte innerhalb der persönlichen Daten ist völlig überflüssig. Natürlich erkennt der Leser auch ohne nähere Ausführungen, dass Wibe der Nach- und Artur der Vorname des Bewerbers ist. Das Gleiche gilt für alle anderen Angaben innerhalb dieser Spalte. So haben bereits unsere Großeltern ihre Lebensläufe begonnen. Arturs Einstieg in den Lebenslauf ist daher von vorgestern.

Die Nennung sämtlicher persönlicher Daten im Lebenslauf ist ein gutes Argument für ein Deckblatt. Artur hätte sich innerhalb dieses Abschnitts auf die wesentlichen Informationen beschränken sollen (Vor- und Nachname, Geburtsdatum und -ort, Familienstand und als Spätaussiedler auch die Angabe der Staatsangehörigkeit). Für alle weiteren Daten wäre ein Deckblatt besser geeignet gewesen.

② Die alleinige Angabe „Produktionsmitarbeiter" ist unzureichend. Hier fehlen konkrete Informationen zu den Aufgabengebieten des Bewerbers. Wesentlich schwerwiegender ist allerdings, dass Artur es auch versäumt hat, seine Entwicklung innerhalb des Unternehmens deutlich zu machen. Hieraus ergeben sich einige sehr unangenehme Fragen: Hat Artur in seiner Zeit bei den Krieger-Werken wirklich nur ein und dieselbe Position innegehabt? Wurde er hier „geparkt", weil seine Vorgesetzten ihm weitergehende Aufgaben nicht zugetraut haben? Eine derartige Darstellung wird schnell mit mangelhafter Leistungsorientierung und -fähigkeit in Zusammenhang gebracht.

Im Rahmen des Beschäftigungsverhältnisses bei den Krieger-Werken hätten Arturs verschiedene Positionen und die damit verbundenen Aufgabengebiete herausgearbeitet werden müssen (siehe korrigierter Lebenslauf). Arturs konstante Entwicklung zum Anlagenführer spricht für Kompetenz, Zuverlässigkeit, Verantwortungsbereitschaft und Aufstiegsorientierung. Der Einsatz als Springer (verschiedene Produktionsanlagen und Arbeitsgruppen) steht für die ausgeprägte Flexibilität und Teamfähigkeit des Bewerbers. Immerhin macht Artur zumindest Angaben zu den Produkten der Krieger-Werke. Ein Vorteil für Bewerbungen in der gleichen Branche.

③ Mut zur Lücke? In Zeiten hoher Arbeitslosigkeit und zunehmenden internationalen Wettbewerbs sind die meisten Personalabteilungen mittlerweile in Bezug auf versteckte Fehlzeiten im Lebenslauf wesentlich toleranter. Vermeiden Sie dennoch größere Lücken besser so weit wie möglich. Hier stellt sich die Frage, was Artur in der Zeit nach seiner Einreise bis zum Beschäftigungsbeginn bei den Krieger-Werken getan hat. Es liegt natürlich nahe, dass der Bewerber während dieser Zeit arbeitslos war. Aus den Informationen über Artur wissen wir allerdings, dass er nach der Einreise zunächst einen einjährigen Sprachkurs besucht hatte. Klar, dass Artur im Lebenslauf hierauf eingehen muss. Negative Spekulationen zur Arbeitsmotivation und Leistungsbereitschaft des Bewerbers hätten also vermieden werden können.
Wie bereits erwähnt ist eine einzelne Lücke im Lebenslauf heute noch kein K.o.-Kriterium. Dennoch sollten beim Umgang mit Lücken folgende Regeln beachtet werden:

- Fehlzeiten bis zu drei Monaten können im Lebenslauf einfach übergangen werden. Natürlich können Sie aber auch hier Ihre Lernbereitschaft demonstrieren, indem Sie deutlich machen, dass Sie diese Zeitspanne für Ihre Weiterbildung sinnvoll genutzt haben.
- Längere Fehlzeiten sind immer erklärungsbedürftig. Das gilt umso mehr, wenn der fragliche Zeitraum weniger als fünf Jahre zurückliegt. Zeigen Sie, dass Sie auch diese Phase aktiv für Ihre persönliche Entwicklung genutzt haben. Ideal sind Hinweise zu Weiterbildungsveranstaltungen, in denen Sie Ihre berufliche Kompetenz weiter ausbauen konnten. Dies können Fach-, Sprach- und Computerkurse sein, aber auch Seminare und Trainings, die persönliche und soziale Qualifikationen zum Inhalt haben.

Generell gilt, dass Sie Ihre Fähigkeiten und Kompetenzen auch autodidaktisch, also im Selbststudium, verbessern können. Ein einfacher Hinweis im Lebenslauf genügt. Teilnahmebescheinigungen von Bildungseinrichtungen brauchen Sie der Bewerbungsmappe nicht unbedingt beizulegen.
Andere attraktive „Lückenfüller“ sind: Aushilfstätigkeiten, Praktika, freiberufliche Tätigkeiten oder ein Ehrenamt.
Beispiel:

07/2003 – 04/2004	Freier Mitarbeiter bei der Online-Zeitung „Topas" Fortbildungen in Photoshop, QuarkXpress und Corel Draw Französisch für Fortgeschrittene (Institut Francais)

Natürlich können Sie auch die Erziehungszeiten Ihrer Kinder angeben. Machen Sie aber bei einer längeren Familienpause deutlich, dass Sie einiges dafür getan haben, um beruflich am Ball zu bleiben:

08/1999 – 03/2005	Erziehung meiner Töchter Lara und Clara
05/2004 – 03/2005	Aushilfstätigkeiten für die Zahnarztpraxis Dr. Müller, Bremen Praxisverwaltung mit Abrechnungs- und Mahnwesen
05/2003 – 04/2004	Aufbaukurse in MS-Office (Word, Excel, PowerPoint)

Auch wenn auf Sie keiner der genannten Punkte zutrifft, hat das Wort „arbeitslos" in Ihrem Lebenslauf keinen Platz. Ersetzen Sie den Begriff durch „arbeitssuchend" oder „berufliche Neuorientierung". Sie können die Lücke auch als „Sabbatjahr" bezeichnen. Rechnen Sie aber bei allen Angaben zum Thema Fehlzeiten damit, dass Sie Ihre Aussagen im Vorstellungsgespräch eventuell näher erläutern müssen.

④ Die Informationen zum Abschnitt Berufsausbildung sind etwas unglücklich aufgebaut (siehe korrigierte Fassung). Und dass Almaty in Kasachstan liegt, wissen wir mittlerweile auch.

⑤ Die Angabe „Microsoft Windows 98" ist wieder einmal zu dürftig. Der Leser erfährt nicht, ob Artur das komplette Windows-Paket beherrscht oder nur einen Teilbereich. Darüber hinaus hat es der Bewerber versäumt, seine Computer-Kenntnisse zu bewerten.

⑥ Was bedeutet eigentlich „Sport mit Aussiedlern"? Eventuell mangelnde Integrationsbereitschaft? Auf Nachfrage erklärte uns Artur, dass er in seiner Freizeit ehrenamtlich eine Handballmannschaft trainiert, die überwiegend aus jugendlichen Spätaussiedlern besteht. Ein deutlicher Beleg für sein soziales Engagement, der aber in der hier gewählten Formulierung sogar negativ interpretiert werden kann.
Das Thema aktive Freizeitgestaltung ist bereits erwähnt worden. Auf Hobbys wie Fernsehen und Computerspiele sollte daher im Lebenslauf grundsätzlich verzichtet werden. Darüber hinaus werden derartige Freizeitaktivitäten schnell mit einem kontaktscheuen Einzelgänger in Verbindung gebracht.

⑦ Es fehlen Orts- und Datumsangabe.
Fazit: Eher ein Durchschnittslebenslauf, mit dem es Artur kaum gelingen wird, sich im Bewerbungsverfahren zu behaupten.

Übersicht

Der korrigierte Lebenslauf

Lebenslauf

Persönliche Daten

Artur Wibe
geboren am 14.10.1970 in Almaty, Kasachstan
verheiratet, zwei Kinder (6 und 8 Jahre)
Staatsangehörigkeit: deutsch

Berufserfahrung

06/1994 bis heute	Krieger-Werke GmbH & Co KG, Leverkusen Metallverarbeitung/Spezialprofile für den Maschinen- und Fahrzeugbau
seit 07/2000	*Anlagenführer im Hohlprofilwerk* • Inbetriebnahme und Führung von Rohrschweißmaschinen • Walzen und Profilieren nach Fertigungsauftrag • Überwachung des Produktionsflusses • Wartung und Inspektion • Qualitätsverantwortung (Stichprobenkontrolle und Dokumentation) • alle Tätigkeiten unter Beachtung der Arbeits- und Prüfanweisungen nach DIN ISO/TS 16949
03/1996 – 06/2000	*Springer für den Bereich Sägen, Richten und Entgraten* • Mitarbeit in verschiedenen Arbeitsgruppen (Fertigungsinseln) • Funksteuerung der Hallenkräne
06/1994 – 02/1995	*Einrichter im Hohlprofilwerk* • Einrichten der Produktionsanlagen • Vorbau der Wechseleinrichtungen und Richtgerüste • Umbau der Anlagen nach vorgegebenen Einbauplänen
04/1993 – 03/1994	Intensivsprachkurs Deutsch, Akademie für Weiterbildung, Köln
12.12.1992	Übersiedlung in die Bundesrepublik Deutschland

08/1988 – 10/1992	Traktorenwerk Potemkin, Almaty *Mechaniker* • Manuelle und maschinelle Bearbeitung von Werkstücken • Ausführen von Schweißarbeiten • Störungsdiagnose

Berufliche Weiterbildung

10/2004	„Qualitätsmanagement für Einsteiger“ TÜV Akademie Rheinland, Siegen • Grundlagen der ISO 9000 ff-Normenfamilie • prozessorientierte Qualitätsmanagementsysteme • qualitätsfördernde Maßnahmen und Techniken
05/2003	„Grundlagentraining: SAP R/3“ Dolde-Institut, Rheinbach

Berufsausbildung

09/1986 – 07/1988	Ausbildung zum Mechaniker, Berufsschule für Gewerbe und Technik, Almaty Facharbeiter

Schulbildung

09/1976 – 06/1986	Mittelschule in Almaty
15.6.1985	Allgemeine Fachhochschulreife

Besondere Kenntnisse

EDV-Kenntnisse:	Word und Excel (beide sehr gut) SAP R/3 (gut)
Sprachen:	Deutsch (sehr gut in Wort und Schrift) Russisch (Muttersprache)
Zusatzqualifikation:	CO_2-Schweißen
Führerscheine:	Staplerführerschein Fahrerlaubnis Klasse B

Interessen

Engagement:	Trainer einer Handballmannschaft (Jugendliche mit Migrationshintergrund)
Hobbys:	Radfahren, Spaziergänge mit der Familie

Köln, 21.12.2005 *Artur Wibe*

✔ Checkliste

Ihr Lebenslauf im Überblick

- [ ] Wurde der Lebenslauf auf das Anforderungsprofil der konkreten Stelle zugeschnitten (kein Serienlebenslauf!)? Wurde die gleiche Schriftart und -größe benutzt wie im Anschreiben?
- [ ] Ist das Layout überzeugend? Würde ich in der Rolle des Personalchefs den Lebenslauf gerne lesen?
- [ ] Ist der Lebenslauf zweispaltig aufgebaut (linke Spalte mit Monats- und Jahresangaben; rechte Spalte mit Detailbeschreibungen)?
- [ ] Sind die einzelnen Rubriken durch Zwischenüberschriften und Leerzeilen voneinander getrennt? Wurden wesentliche Angaben mittels Fett- oder Kursivschrift grafisch hervorgehoben (etwa die beruflichen Positionen statt der Unternehmensnamen)?
- [ ] Wurde die chronologische Reihenfolge konsequent durchgehalten? Also entweder traditionell chronologisch (von der Schulbildung bis zur Gegenwart) oder amerikanisch umgekehrt (von der aktuellen Tätigkeit in die Vergangenheit).
- [ ] Falls Sie in Ihrer Bewerbung kein Deckblatt verwenden: Enthält Ihr Lebenslauf Ihre Kontaktdaten (Adresse, Telefon, E-Mail)?
- [ ] Sind die persönlichen Daten komplett (Geburtsdatum und -ort, Familienstand, Kinder und Nationalität)?
- [ ] Falls Sie kein Deckblatt verwenden: Haben Sie Ihr Bewerbungsfoto in der rechten oberen Ecke angebracht?
- [ ] Haben Sie Ihre Berufsstationen mit Leben gefüllt (aussagekräftige Stichworte zu den Arbeitsbereichen, insbesondere wenn sie zur neuen Stelle passen)? Wurden die wichtigsten aktuelleren Positionen etwas detaillierter beschrieben?
- [ ] Haben Sie über Besonderheiten Ihrer Karriere (wie Führungsverantwortung, wichtige Projekte und/oder Erfolge) informiert?
- [ ] Haben Sie relevante Zusatzqualifikationen wie Sprachen und Computerkenntnisse aufgeführt und bewertet?
- [ ] Ist der Lebenslauf lückenlos? Wurden erklärungsbedürftige Zeiten kurz kommentiert? Haben Sie Reizwörter wie „Arbeitslosigkeit“ vermieden?
- [ ] Sind Ort und Datum aufgeführt? Haben Sie Ihr Dokument handschriftlich unterschrieben?
- [ ] Ist der Lebenslauf sauber ausgedruckt und frei von Flecken oder Eselsohren?

Die Dritte Seite

Die Seite 3 verdankt ihren Namen dem Umstand, dass sie im Anschluss an das Anschreiben und den Lebenslauf folgt. Wie auch die retrograde Variante des Lebenslaufs stammt sie ursprünglich aus dem angelsächsischen Raum. Seit Beginn der neunziger Jahre hat sie aber zunehmend auch in Deutschland ihre Anhänger gefunden.
Die Dritte Seite wird häufig auch als „Persönliches Statement", „Argumentationspapier" oder „Qualifikationsprofil" bezeichnet. Diese Begriffe kennzeichnen, worum es geht: Mit der Seite 3 haben Sie die Möglichkeit, die in Ihrem Anschreiben und Lebenslauf gemachten Angaben durch eine Extraseite zu ergänzen. Dabei haben Sie die Möglichkeit, Ihr persönliches Profil noch stärker herauszuarbeiten.
Allerdings ist die Dritte Seite längst kein Standarddokument oder Muss. Sie hat vielmehr den Charakter einer Zugabe. Und dieses Extra ist nur sinnvoll, wenn Sie tatsächlich noch einige überzeugende Trümpfe in der Hinterhand haben, die Sie in Ihren Bewerbungsunterlagen bisher nicht ausspielen konnten. Im Klartext: Sie müssen auf der Seite 3 tatsächlich etwas mitzuteilen haben.
Hier liegt das Kernproblem der Dritten Seite. In der Regel können Sie alle relevanten Informationen im Anschreiben und im Lebenslauf präsentieren. In der Praxis haben wir es daher häufig mit Extraseiten zu tun, in denen die Bewerber relativ unmotiviert über die üblichen Soft Skills informieren oder Aussagen aus Bewerbungsratgebern übernehmen, die mittlerweile hinreichend bekannt sind. Mit origineller Selbst-PR haben diese Seiten nichts mehr zu tun. Zudem wurde die Dritte Seite für Deutschland ursprünglich übernommen, um sich positiv von anderen Bewerbungen abzuheben. Zurzeit enthalten jedoch nahezu zwei Drittel aller Mappen eine derartige Ergänzung. Die individuelle Note der Seite 3 ist daher längst verloren gegangen. Aus diesen Gründen teilen wir prinzipiell die Ansicht vieler Personalchefs, die die Dritte Seite eher als „Bewerbungsballast" bewerten und sie häufig gar nicht mehr zur Kenntnis nehmen. Die meisten Bewerber können daher auf eine Extraseite in ihren Unterlagen getrost verzichten.
Aber natürlich gibt es zu jedem Grundsatz auch Ausnahmen:

- Gerade Fach- und Führungskräfte mit langjähriger Berufserfahrung haben häufig die Schwierigkeit, dass sie, um ein Ausufern ihres Anschreibens oder Lebenslaufs zu verhindern, wichtige Informationen über Aufgabenschwerpunkte, Weiterbildungen und Kernkompetenzen in diesen Dokumenten nur unzulänglich darstellen können. Dies gilt auch für Bewerber aus dem technischen Bereich wie Ingenieure. Für diese Berufsgruppen bietet sich ein Qualifikationsprofil als Zugabe an (siehe Beispiel für ein Qualifikationsprofil).

- Dasselbe gilt für Bewerber, die bereits in vielen unterschiedlichen Positionen und Berufsstationen tätig gewesen sind. Das erworbene Spezialwissen lässt sich sehr gut in einem Argumentationspapier darstellen. Außerdem gelingt es vielen Bewerbern auf der Extraseite, trotz (oder gerade aufgrund) des häufigen Jobwechsels den roten Faden in der beruflichen Entwicklung herauszuarbeiten.
- Die Dritte Seite kann aber auch für Bewerbungen im sozialen Bereich oder für Jobs mit Kundenkontakt sinnvoll sein. Hier kann der Bewerber darauf aufmerksam machen, was für ihn zum Beispiel exzellente Service- und Kundenorientierung bedeuten, und welche persönlichen Kompetenzen er dafür mitbringt.

Wenn Sie die Seite 3 für Ihre Bewerbungsunterlagen nutzen wollen, dann beachten Sie am besten die folgenden Gestaltungstipps:

Form und Inhalt

Beschränken Sie sich auf eine Seite. Welche wichtigen Informationen möchten Sie Ihrem Ansprechpartner als „Sahnehäubchen“ Ihrer Bewerbung mitteilen? Argumentieren Sie kurz und aussagekräftig. Es interessieren auch hier nur Angaben, die für die konkrete Position relevant sind. Die Dritte Seite steht in einem engen Zusammenhang mit Ihrem Anschreiben und Lebenslauf. Welche Informationen sind nach Ihrer Auffassung bisher zu kurz gekommen? Jetzt haben Sie die Chance, Ihre persönlichen Stärken und fachlichen Kompetenzen detaillierter darzustellen. Sie können aber auch über Ihre Motivation und Arbeitseinstellung oder über wichtige und prägende Erfahrungen aus Ihrer bisherigen Karriere informieren.

Mögliche Überschriften

- Warum ich mich bewerbe
- Zu meiner Person
- Was sonst für mich spricht
- Meine Motivation
- Was Sie noch über mich erfahren sollten
- Warum Sie mich kennen lernen sollten
- So arbeite ich
- Das sind meine Qualifikationen
- Resümee/Fazit

Ob Sie auch die Dritte Seite datieren und unterschreiben, ist wieder Geschmackssache. Durch die eigenhändige Unterschrift wird die persönliche Note dieser Seite allerdings verstärkt.

Übersicht

Auszug aus einem Qualifikationsprofil

Das sind meine Qualifikationen

Arbeitsvorbereitung/ Fertigungssteuerung	• Kapazitäts- und Terminplanung sämtlicher Produktionsressourcen
	• Erstellung der Arbeitspläne, Fertigungsstücklisten und Programme für die CNC-gesteuerten Produktionsanlagen
	  • Planung und Beschaffung von Fertigungsmaschinen und Hilfsmitteln
	  • Steuerung und Kontrolle der auftragsspezifischen Fertigung
	  • Verantwortung für die termin- und qualitätsgerechte Lieferung bei gleichzeitiger Einhaltung der Vorkalkulation
	  • fertigungstechnische Beratung aller technischen Abteilungen
	  • nachhaltige Weiterentwicklung der Prozessabläufe und deren vollständige Abbildung im PPS-System

Qualitätsmanagement	• Betreuung, Umsetzung und Weiterentwicklung eines QM-Systems nach VDA 6.1
	  • Organisation von Qualitätsaudits
	  • Bearbeitung von Reklamationen

Arbeitssicherheit	• Gewährleistung des Arbeitsschutzes und gesetzlicher Bestimmungen (ArbZG, Umweltgesetze) • Anpassung der Arbeitsschutzeinrichtungen an die technische Weiterentwicklung
Projektmanagement	• Leitung verschiedener Projekte zur Prozessoptimierung (operative Qualitätssicherung, Zuverlässigkeitsmanagement, Lagerbestands- und Herstellkostenreduzierung)
Persönliche Stärken	• vertrauensvolle und praktizierte Führungsqualität • zielorientierte und systematische Arbeitsweise • hohe Belastbarkeit auch in „stürmischen“ Zeiten • Begeisterung für neue Aufgaben und Ideen

Zeugnisse und Qualifikationsbelege

Mit Ihren Arbeitszeugnissen, Ausbildungsabschlüssen und Qualifikationsnachweisen belegen Sie die Aussagen, die Sie in Ihrem Anschreiben und Lebenslauf zu Ihrem Bewerberprofil gemacht haben. Der Leser erfährt, welche „Noten" Sie von Ihren früheren Arbeitgebern bekommen und welche Qualifikationen Sie im Verlauf Ihrer Karriere erworben haben. Idealerweise können Sie für jede bisherige Stelle ein Zeugnis vorweisen. Die Zeugnisse werden in der Reihenfolge beigelegt, in der die jeweiligen Stationen im Lebenslauf aufgezählt werden. Diese Dokumente geben Ihrer Bewerbung den letzten Schliff.

Bei den Arbeitszeugnissen ist zwischen drei Arten zu unterscheiden:

- Das einfache Zeugnis enthält lediglich die formellen Angaben zur Person, Informationen über Art und Dauer der Beschäftigung sowie den Grund für die Beendigung des Arbeitsverhältnisses.
- Neben diesen Angaben informiert das qualifizierte Zeugnis ausführlich über Aufgabenbereich, Leistung und Sozialverhalten des Arbeitnehmers.
- Eine Sonderform des qualifizierten Zeugnisses ist das Zwischenzeugnis, da es über die gleichen Inhalte informiert. Sie haben Anspruch darauf, wenn Sie einen wichtigen Grund für eine vorläufige Beurteilung haben, insbesondere weil Sie einen neuen Job suchen.

> **› Tipp**
>
> Wenn Sie einige Zeit in einem Unternehmen gearbeitet haben, sollten Sie prinzipiell ein qualifiziertes Arbeitszeugnis fordern. Einfache Zeugnisse werden in den Personalabteilungen häufig negativ beurteilt. Sie sprechen für mangelhafte Arbeitsleistungen, auf die lieber nicht näher eingegangen wurde.

Die „Geheimsprache" der Arbeitszeugnisse

Arbeitszeugnisse sind immer noch eine sehr deutsche Form der Verhaltens- und Leistungsbeurteilung. Darüber hinaus sind sie aus verschiedenen Gründen nicht unproblematisch:

Ein gutes Arbeitszeugnis ist zwar nicht alles, aber mit einer mangelhaften Beurteilung haben Bewerber häufig zu kämpfen. Wenn Sie mit der Beurteilung in Ihrem aktuellen Arbeitszeugnis nicht einverstanden sind, sollten Sie daher noch einmal freundlich, aber bestimmt mit Ihrem Vorgesetzten sprechen. Schalten Sie eventuell auch den Betriebs- oder Personalrat ein. Falls Sie auch damit keinen Erfolg haben, können Sie mit einer arbeitsgerichtlichen Klage drohen. In vielen Fällen ist bereits die Androhung einer Klageerhebung völlig ausreichend, um die Gegenseite zum Einlenken zu bewegen.

Aber auch die Arbeitgeberseite hat es nicht leicht. Aufgrund der Rechtsprechung der Arbeitsgerichte ist sie nämlich, im Rahmen der Zeugniserstellung, zu einem Spagat verpflichtet: Zum einen müssen die gemachten Angaben der Wahrheit entsprechen. Zum anderen ist aber auch die so genannte „Wohlwollenspflicht" zu beachten, die besagt, dass die Zeugnisse den weiteren Berufsweg des Arbeitnehmers nicht behindern dürfen. Ein Vorgesetzter ist also angehalten, ein Zeugnis auch bei einem faulen oder unfähigen Mitarbeiter generell positiv zu formulieren, auch wenn der Aussagewert dadurch eher begrenzt ist. Diese widersprüchliche Rechtslage hat dazu geführt, dass sich eine merkwürdige und sehr spezielle Zeugnissprache entwickelt hat, bei der positive Formulierungen häufig sehr unangenehme Aussagen enthalten. Es gilt also zwischen den Zeilen zu lesen. Da aber auch der ein oder andere Vorgesetzte mit dieser Kunst nicht im Detail vertraut ist, kommt es häufig ungewollt zu Fehlinterpretationen und Differenzen.

Achten Sie auf Vollständigkeit

Ein gutes und ansprechendes Zeugnis besteht aus folgenden Abschnitten:

> Die Einleitung enthält die persönlichen Daten, die genaue Position, den beruflichen Werdegang im Unternehmen sowie die Beschäftigungsdauer. Hilfreich ist auch eine knappe Darstellung der Unternehmenstätigkeit. Beispiel:
„Herr Stefan Berg, geboren am 20.10.1970, war in der Zeit vom 01.04.1999 bis 30.09.2005 als Buchhalter bei der Zimex AG tätig. Wir sind ein führendes Unternehmen der weiterverarbeitenden Stahlindustrie und fertigen ..."

> Weiter geht es mit einer präzisen Beschreibung der Tätigkeit. Dies kann in ganzen Sätzen oder durch Aufzählungszeichen erfolgen:
„Im Wesentlichen umfasste ihr Aufgabengebiet folgende Tätigkeiten:
- die telefonische und persönliche Kundenbetreuung
- die Auftragsbearbeitung und Erfassung per EDV
- Akquise von Neukunden
- ..."

> Von besonderer Relevanz ist die Beurteilung Ihrer Arbeitsleistung. Die gebräuchlichsten Formulierungen und ihre Übersetzung finden Sie im nächsten Abschnitt. Die Bewertung Ihrer Leistungen sollte dabei folgende Punkte umfassen:
- Arbeitsbereitschaft (Wollen)
  „Sie hatte stets eine sehr gute Arbeitsmoral."
- Arbeitsbefähigung (Können)
  „Er war ein sehr ausdauernder und belastbarer Mitarbeiter, der auch unter hohem Termindruck alle Aufgaben stets gut erledigte."

- Fachkompetenz/Weiterbildung
  „Sie eignete sich sehr gute Anwenderkenntnisse in SAP an, die sie mit sehr gutem Erfolg in die Praxis umsetzte."
- Arbeitsweise/-stil
  „Er zeichnete sich durch seine zuverlässige und systematische Arbeitsweise aus."
- Arbeitsergebnisse/-erfolg
  „In ihrer Funktion hat sie sehr gute Arbeitsergebnisse erzielt, die dem Unternehmen entscheidende Vorteile gebracht haben."
- eventuell Führungskompetenz
  „Er verstand es vorzüglich, seine Mitarbeiter zu einem motivierten, leistungsstarken Team mit sehr gutem Arbeitsklima zu entwickeln."
- Zufriedenheitsformel
  „Wir möchten noch einmal betonen, dass Frau Stolpen die ihr anvertrauten Aufgaben in jeder Hinsicht zu unserer außerordentlichen Zufriedenheit erfüllt hat."

› Neben Ihrer Arbeitsleistung ist für Ihren neuen Arbeitgeber auch Ihr Sozialverhalten besonders interessant. Er möchte natürlich erfahren, wie Sie mit Ihren potenziellen Kollegen zurechtkommen werden. Wenn Sie sich um eine Position beworben haben, die sehr stark serviceorientiert ist, darf deshalb im Zeugnis auch Ihr Verhalten gegenüber Kunden nicht fehlen. Je nach Tätigkeit sollten folgende Kriterien näher beschrieben werden:

- Verhalten zu internen Personen (in der Reihenfolge: Vorgesetzte und Kollegen)
  „Sein Verhalten gegenüber Vorgesetzten, Mitarbeitern und Kollegen war jederzeit einwandfrei und loyal."
- Verhalten zu externen Personen (Kunden und Geschäftspartner)
  „Auch nach außen vertrat er das Unternehmen immer seriös und überzeugend."
- Soziale Kompetenz/sonstiges Verhalten
  „Sie verfügt über eine ausgeprägte Teamfähigkeit und leitete die ihr übertragenen Projekte in vorbildlicher Weise."

› Das Zeugnis endet mit dem Ausscheidungsgrund, dem Bedauern und Dank des Vorgesetzten sowie mit guten Wünschen für die private und berufliche Zukunft. Der Zeugnisschluss sollte zum Ausdruck bringen, dass Sie das Unternehmen aus eigenem Wunsch verlassen. Möglich ist auch eine Trennung aus betrieblichen Gründen, wie die Werksschließung oder umfangreiche Personalanpassungsmaßnahmen, von denen auch der konkrete Arbeitsplatz betroffen ist. Ansonsten kann der Eindruck entstehen, dass Ihnen aus persönlichen Gründen gekündigt wurde.
Beispiele:
„Frau Kunze verlässt das Unternehmen auf eigenen Wunsch. Wir bedauern ihre Entscheidung und danken ihr für die ausgezeichneten Leistungen und die sehr gute Zusammenarbeit. Wir wünschen ihr für ihre private und berufliche Zukunft alles Gute und viel Erfolg."

„Das Arbeitsverhältnis endete aufgrund der Schließung des Werkes Bottrop. Wir bedauern diese Entwicklung und danken ihr für ..."

„Das Arbeitsverhältnis läuft zum Ende der Befristung aus. Wir bedauern, Frau Kunze keine Dauerbeschäftigung anbieten zu können ..."

Übersicht

So knacken Sie den Zeugniscode

In der folgenden Tabelle haben wir für Sie die gängigsten Codes zur Leistungsbeurteilung in Schulnoten „dechiffriert“:

Leistungsbewertung	gleichbedeutende Formulierungen	Leistungsnote
• stets zu unserer vollsten Zufriedenheit	• in jeder Hinsicht außerordentlich zufrieden • den Erwartungen immer und in allerbester Weise entsprochen	sehr gut
• zur vollsten Zufriedenheit	• jederzeit zur vollen Zufriedenheit • voll und ganz zufrieden	gut
• zur vollen Zufriedenheit	• immer zufrieden • den Erwartungen in jeder Hinsicht entsprochen	befriedigend
• zu unserer Zufriedenheit	• wir waren mit den Leistungen zufrieden • den Erwartungen entsprochen	ausreichend
• im Allgemeinen zu unserer Zufriedenheit	• weitestgehend den Erwartungen entsprochen • im Großen und Ganzen zu unserer Zufriedenheit	mangelhaft
• hat sich bemüht	• war bestrebt, unseren Anforderungen zu entsprechen • erledigte die Aufgaben mit Interesse	ungenügend

Neben diesen Aussagen gibt es in Arbeitszeugnissen weitere Formulierungen, mit denen Personalverantwortliche beim Countdown zum neuen Job mächtig quer schießen können. Hier einige Beispiele für negative Verhaltensbeurteilungen:

K.o.-Formulierungen	Bedeutung
• Er trug durch seine Geselligkeit deutlich zur Verbesserung des Betriebsklimas bei.	• Achtung, Mitarbeiter neigt zu Alkoholmissbrauch!
• Sie ist eine gewissenhafte Mitarbeiterin.	• Darüber hinaus leistet sie allerdings nicht viel.
• Er war immer ein anspruchsvoller und kritischer Mitarbeiter.	• Er ist ein Nörgler.
• Sie verstand es erfolgreich zu delegieren.	• Sie ließ die Kollegen für sich arbeiten.
• Aufgrund ihrer offenen Art war sie im Kollegenkreis schnell beliebt.	• Sie hat sich angebiedert.
• Er wurde mit … betraut.	• Er verfügt über keinerlei Eigeninitiative und kann den Arbeitsanforderungen nicht gerecht werden.
• Er bewies großes Einfühlungsvermögen für die Belange der Belegschaft.	• Achtung, sucht Sexualkontakt zu Mitarbeiterinnen oder Mitarbeitern!
• Sie setzte sich immer für die Belange der Beschäftigten ein.	• Gewerkschafts- oder Betriebsratsmitglied

Kontakte per Telefon

Obwohl wir nahezu täglich zum Hörer greifen, macht die telefonische Kontaktaufnahme vielen Bewerbern am meisten zu schaffen. Der Grund liegt auf der Hand: Der Bewerber weiß nicht, ob sein Anruf im Unternehmen stört oder sogar erwartet wird.

Das persönliche Telefonskript

In dem folgenden Abschnitt haben Sie die Möglichkeit, ein individuelles Skript für Ihr Bewerbungstelefonat zu entwickeln. Der hier beschriebene Aufbau eignet sich besonders für Initiativbewerbungen. Die Basis dieses Skripts ist die aus dem Marketing bekannte AIDA-Formel. Die einzelnen Buchstaben der Formel symbolisieren hierbei die Inhalte einer effektiven Werbebotschaft. Für ein telefonisches Bewerbungsgespräch bedeutet das:

› **A** wie Attention: Zunächst werden Sie die Aufmerksamkeit Ihres Gesprächspartners auf sich lenken. Stellen Sie sich mit Ihrem Vor- und Nachnamen vor, und nennen Sie den Grund Ihres Anrufs. Fassen Sie sich aber kurz. Da das erste Wort eines Telefonats oft nur schwer zu verstehen ist, beginnen Sie am besten mit einem Gruß:
„Guten Tag, Frau Döring, mein Name ist Paul Ernst. (kurze Pause) Ich bin gelernter Industrieelektriker und wollte Sie fragen, ob Ihr Unternehmen zurzeit neue Mitarbeiter sucht?"

Wenn Sie mögen, fragen Sie nach, ob Ihr Anruf zum richtigen Zeitpunkt kommt – schließlich sind Sie kein Telefonverkäufer.
„Haben Sie etwas Zeit für mich?"/„Ich hoffe, mein Anruf kommt nicht ungelegen."

Ihr Gesprächsbeginn:

____

____

____

____

Falls Ihr Gesprächspartner im Moment keine Zeit haben sollte, bitten Sie ihn um einen Alternativtermin.

› **I** wie Interest: Nachdem Sie die Aufmerksamkeit bereits gewonnen haben, besteht Ihre nächste Aufgabe darin, das Interesse Ihres Ansprechpartners zu wecken. Orientieren Sie sich anhand Ihrer Kurzpräsentation, die Sie bereits für Ihr Anschreiben erarbeitet haben. Skizzieren Sie kurz die wichtigsten Stationen Ihres beruflichen Werdegangs und die damit verbundenen Aufgabengebiete. Heben Sie die Leistungen und Erfahrungen hervor, die für das Unternehmen von besonderer Bedeutung sind.

Ihre Kurzpräsentation:

____

____

____

____

- **D** wie Desire: Falls das Unternehmen Personalbedarf hat, wird es Ihnen mit einer überzeugenden Kurzdarstellung auch gelingen, Ihren Gesprächspartner zu beeindrucken. Er wird jetzt den Wunsch haben, Sie näher kennen zu lernen. Im Idealfall befinden Sie sich bereits in einem kleinen Vorstellungsgespräch. Eventuell werden Sie auch die Gelegenheit haben, eigene Fragen zu stellen. Daher sollten Sie für jedes Telefonat einen Fragenkatalog vorbereiten:
  - Nähere Angaben zur ausgeschriebenen Position und den Aufgabengebieten
  - Entwicklungsmöglichkeiten im Unternehmen
  - möglicher Eintrittszeitpunkt
  - Fragen zur Einarbeitungsphase (Dauer/Ansprechpartner)
  - Erwartungen an den Bewerber

  Eigene Fragen:

  ____

  ____

  ____

  ____

- **A** wie Action: Zum Abschluss vereinbaren Sie die weitere Vorgehensweise (Aktion). Bieten Sie Ihrem Gesprächspartner an, ihm Ihre Bewerbungsunterlagen zukommen zu lassen. Eventuell können Sie bereits einen Termin für ein Vorstellungsgespräch vereinbaren. Legen Sie auf keinen Fall auf, ohne eine konkrete Vereinbarung getroffen zu haben. Auf diese Weise erhöhen Sie die Ernsthaftigkeit des Gesprächs auf beiden Seiten. Bedanken Sie sich, und kündigen Sie den nächsten Schritt an.

  „Frau Döring, vielen Dank für das angenehme und informative Gespräch. Meine umfassenden Bewerbungsunterlagen (oder eine Kurzbewerbung) schicke ich Ihnen heute noch zu.
  Ich wünsche Ihnen einen schönen Tag.
  Auf Wiederhören."

  Ihr Gesprächsabschluss:

  ____

  ____

  ____

  ____

Ein Lächeln wird auch am Telefon wahrgenommen. Achten Sie deshalb bei Ihrem Anruf auf eine aktive, aufrechte Körperhaltung und lächeln Sie: Körperhaltung, Mimik und Stimme bilden ein Ganzes. Weiterhin sollten Sie Ihren Gesprächspartner häufiger namentlich ansprechen. Mit diesem Kniff gestalten Sie das Gespräch wesentlich persönlicher. Aber auch wenn Ihr erstes Bewerbungstelefonat nicht so reibungslos über die Bühne geht: Lassen Sie sich nicht entmutigen. Sie werden sehen, bereits im zweiten Gespräch werden Sie sich wesentlich sicherer fühlen. Und eine gute Übung für das Vorstellungsgespräch ist so ein Telefonat zudem auch.

3. Das Vorstellungsgespräch

„Zwei Dinge sind schädlich für jeden, der die Stufen des Glücks will ersteigen: schweigen, wenn Zeit ist zu reden, und reden, wenn Zeit ist zu schweigen."

Friedrich M. von Bodenstedt,
deutscher Schriftsteller

Das Vorstellungsgespräch

Ihre Persönlichkeit entscheidet

Wenn Sie eine Einladung zu einem Vorstellungsgespräch erhalten haben, dann können Sie sich zunächst einmal ein bisschen feiern. Sie haben die vielleicht schwierigste Hürde im Rennen um einen Arbeitsplatz souverän gemeistert und die Masse der Mitbewerber hinter sich gelassen. Zum kleinen Kreis der Auserwählten gehören nur etwa 10 Prozent aller Bewerber.

Gerade im Bewerbungsgespräch sind wieder Ihre Marketingtalente gefragt. Im Grunde handelt es sich für beide Seiten um ein Verkaufsgespräch. Jetzt hat der Bewerder die Chance, weitere Informationen zum neuen Arbeitsplatz, zum Arbeitsumfeld, zur Firmenkultur und Ihren Entwicklungsmöglichkeiten im Unternehmen zu erhalten.

Die Aufgabe Ihres Gesprächspartners ist es, herauszufinden, welchen Mehrwert er für sein Unternehmen erzielt, wenn er sich für Sie entscheidet. Natürlich kommt es auch im persönlichen Gespräch wieder auf Faktoren wie Fachkompetenz und bisherige Praxiserfahrungen an. Wesentlich relevanter ist allerdings die menschliche Seite des zukünftigen Mitarbeiters. Schließlich bewerben Sie sich nicht nur um einen Job, sondern auch um die Position in einem Team. Deshalb hängt die Entscheidung für oder gegen einen Bewerber zu etwa 80 Prozent von der Persönlichkeit ab.

› Tipp

Um den Sympathiebonus, den Sie mit Ihren Bewerbungsunterlagen erworben haben, nicht zu gefährden, ist es wichtig, dass Sie sich nach Erhalt des Einladungsschreibens umgehend bei Ihrem Ansprechpartner bedanken und den Termin bestätigen.

Das können Sie entweder telefonisch oder schriftlich machen:

- Rechnen Sie bei der Terminbestätigung via Telefon damit, dass Ihnen Ihr Ansprechpartner noch einige Fragen zu Ihrer Person stellt.
- Falls Sie den Termin für das Vorstellungsgespräch schriftlich bestätigen, schreiben Sie bitte einen kurzen Text, in dem Sie Termin, Zeit und Ort wiederholen. Erneuern Sie dabei auch noch einmal Ihr Interesse, Ihren Beitrag zum Erfolg des Unternehmens zu leisten.
- Wenn Sie aus wirklich wichtigen Gründen zu dem genannten Termin nicht erscheinen können, bitten Sie um einen Ausweichtermin.

Mit der Einladung zum Bewerbungsgespräch ist deutlich geworden, dass Sie prinzipiell die gewünschten Anforderungen des Unternehmens erfüllen. Jetzt steht Ihnen allerdings die Kür des Bewerbungsverfahrens bevor. Und auch hier gilt es, noch einige Klippen professionell zu umschiffen.
Damit Ihnen ein eindrucksvoller und souveräner Auftritt in der Kennenlernrunde gelingt, werden wir uns in diesem Kapitel mit den zwei Kernbereichen eines erfolgreichen Vorstellungsgesprächs beschäftigen: der Vorbereitungsphase und dem Vorstellungsgespräch selbst. Informationen zu Analyse und Nachbereitung des Gesprächs runden das Kapitel ab. Dabei wird Ihnen das eine oder andere ganz sicherlich vertraut vorkommen, denn im Prinzip gelten für das Vorstellungsgespräch genau die gleichen Regeln, die Sie bereits aus der schriftlichen Bewerbung kennen.

Die Vorbereitung

In vielen Einstellungsgesprächen wird leider bereits nach kurzer Zeit deutlich, dass sich der Bewerber – wenn überhaupt – nur völlig unzureichend über das Unternehmen informiert hat – ein deutliches Signal für Gleichgültigkeit. Selbstverständlich hat es sich in den Personalabteilungen herumgesprochen, dass sich mittlerweile der ein oder andere Bewerber nur aus Mangel an Alternativen vorstellt. Die Frage nach der Ernsthaftigkeit der Bewerbung tritt daher im Einstellungsinterview immer mehr in den Vordergrund und wird hartnäckig verfolgt. Sammeln Sie auch hier Pluspunkte gegenüber Ihren Mitbewerbern, indem Sie die Motivation für Ihre Bewerbung überzeugend und gekonnt kommunizieren.
Der Unterschied zur Vorbereitung auf die schriftliche Bewerbung liegt darin, dass Sie jetzt mehr ins Detail gehen müssen. Machen Sie also vor Ihrem Vorstellungstermin eine weitere Rechercherunde.
Mit dem nötigen Hintergrundwissen verlieren auch unternehmensbezogene Fragen ihren Schrecken und Sie präsentieren sich von Ihrer besten Seite:

- Besuchen Sie noch einmal die Homepage Ihres potenziellen Arbeitgebers. Viele Großunternehmen haben spezielle Seiten für Bewerber eingerichtet.
- Recherchieren Sie auch nach Zeitungsberichten zu Ihrem Wunschunternehmen. Nutzen Sie die Registrierkarte „news“ bei Google oder versuchen Sie es unter „Paperball“, einem Ableger der Suchmaschine „Fireball“.
- Die Adressen weiterer Internet-Seiten, die Ihnen bei der Suche nach Unternehmensinfos nützlich sein können, haben wir für Sie im Serviceteil dieses Ratgebers zusammengestellt (Seite 126).

Aktion/Übung

Informationsrecherche für das Vorstellungsgespräch

Wenn Sie diese Fragen beantworten können, dann brauchen Sie sich keine Sorgen zu machen. Sie werden im Vorstellungsgespräch mit Ihrem Wissen glänzen.

1. Welche Gesellschaftsform und Struktur hat das Unternehmen?

- Rechtsform? ______
- Konzernbindung? ______
- Niederlassungen und Standorte? ______

2. In welcher Branche ist das Unternehmen tätig, welche Produkte und/oder Dienstleistungen werden angeboten? Wie wird die Zielgruppe definiert?

______

______

3. Wie hoch ist der Marktanteil? Gibt es Konkurrenten? Aktuelle Branchentrends?

______

______

4. Welche Unternehmensdaten sind bekannt?

- Mitarbeiterzahl? ______
- Umsatz/Gewinn? ______
- Eventuell derzeitiger Aktienkurs? ______

5. Wie präsentiert sich das Unternehmen nach außen (Philosophie und Kultur)?

- Werte und Politik? ______
- Besondere Leistungen? ______
- Werbebroschüren und -aktionen? ______

6. Wie wird die derzeitige Unternehmenssituation beschrieben? Welche Zukunftsperspektiven werden angestrebt?

- Umstrukturierungen? ______
- Aktuelle Projekte/neue Geschäftsfelder? ______
- Zukunftserwartungen? ______

✔ Checkliste

Ihr Vorstellungsgespräch im Überblick

Sie möchten ausgeglichen und gelassen zu Ihrem Vorstellungstermin erscheinen? Dann berücksichtigen Sie die folgenden Punkte:

Vorbereitung:

- ☐ Sie haben den Vorstellungstermin bestätigt.
- ☐ Sie haben sich über die Anreise informiert und (eventuell) die Reise gebucht/ein Hotelzimmer reserviert.
- ☐ Sie kennen Ihre genaue Reisezeit und haben für alle Fälle etwa 20 Prozent als Reserve eingeplant.
- ☐ Sie haben sämtliche relevanten Informationen zum Unternehmen (Rechtsform, Produkte, Größe) recherchiert.
- ☐ Sie haben Ihre Selbstpräsentation mit dem Anforderungsprofil der neuen Stelle abgestimmt.
- ☐ Sie haben sich Fragen zu Ihrer Position und zum Unternehmen überlegt und notiert, die Sie bei Bedarf stellen können.
- ☐ Sie haben sich über das branchenübliche Gehalt informiert und wissen, was Sie verdienen möchten.
- ☐ Sie haben die Kleidung überprüft, die Sie zum Vorstellungstermin tragen möchten.

Das gehört in Ihr Reisegepäck:

- ☐ das Einladungsschreiben, die Namen der Gesprächspartner und die Telefonnummer, falls unterwegs etwas schief gehen sollte
- ☐ die Stellenanzeige, damit Sie sie vorher noch einmal durchgehen können
- ☐ die Reiseunterlagen mit einer Wegbeschreibung oder einem Stadtplan
- ☐ die Kopien Ihrer Bewerbungsunterlagen
- ☐ sämtliche Unterlagen, um die man Sie im Einladungsschreiben gebeten hat
- ☐ eine Liste mit eigenen Fragen
- ☐ Notizblock und zwei Stifte
- ☐ Handy und Regenschirm
- ☐ Personalausweis, Geld, Kreditkarte
- ☐ eine Flasche Wasser, Papiertaschentücher, Deo, Pastillen gegen möglichen Mundgeruch
- ☐ eine Ersatzpackung Strumpfhosen (für Bewerberinnen)
- ☐ Schminke und Puder, um sich frisch zu machen (für Bewerberinnen)

Die Etappen des Vorstellungsgesprächs

Im Bewerbungsgespräch sind beide Seiten gleichermaßen angespannt. Während der Bewerber nervös ist, weil er schließlich nicht jeden Tag einen Vorstellungstermin hat, wird von dem Unternehmensvertreter erwartet, dass er für die ausgeschriebene Position einen geeigneten Bewerber auswählt. Eine Fehlbesetzung ist häufig mit hohen Kosten verbunden. Daher gilt das Prinzip: „Lieber gar kein Mitarbeiter als ein schlechter." Somit kann sich keiner der Beteiligten einen groben Patzer erlauben. Aufgrund dieser Patt-Situation, erwartet Sie im Vorstellungsgespräch eine ruhige und sachliche Atmosphäre. Sie können also ganz gelassen sein. Niemand will Sie vorführen. Ihr Gesprächspartner möchte in diesem Gespräch nur in Erfahrung bringen, inwieweit sich Ihr Profil mit den Anforderungen der freien Stelle deckt.
Leider lassen sich keine genauen Angaben zur Dauer eines Interviews machen. Die Zeit, die man sich für Sie nimmt, ist abhängig von der zu besetzenden Position, den Gepflogenheiten des Unternehmens, aber auch von Ihrer Performance. Ein Bewerbungsgespräch kann etwa 40 Minuten dauern, aber auch ein bis zwei Stunden. Gespräche unter zwanzig Minuten sind allerdings häufig ein schlechtes Zeichen.

› Tipp

Häufig werden wir gefragt, wie viele Interviewer dem Bewerber im Gespräch gegenübersitzen werden. Auch diese Frage ist nicht einheitlich zu beantworten. Grundsätzlich müssen Sie sowohl mit einem Vertreter der Personalabteilung als auch mit dem Leiter einer Fachabteilung rechnen. Hinzu kommen eventuell noch Vorstand, Geschäftsführer oder Firmeninhaber.
In der Regel ergeben sich Ihre Gesprächspartner allerdings aus dem Einladungsschreiben oder einer erneuten Terminbestätigung seitens des Unternehmens. Wenn Sie diese Informationen nicht erhalten, setzen Sie sich am besten noch einmal mit dem Unternehmen in Verbindung. Erkundigen Sie sich, wer Ihre Gesprächspartner im Bewerbungsgespräch sein werden und welche Positionen sie innerhalb des Unternehmens bekleiden. Ihr Vorteil: Im Gespräch können Sie alle Anwesenden namentlich ansprechen. Dadurch tragen Sie Ihren Teil zu einer freundlichen und offenen Gesprächsatmosphäre bei.

Der Gesprächsablauf selbst lässt sich grob in verschiedene Phasen unterteilen, die durchaus in unterschiedlicher Reihenfolge und Gewichtung auftreten können. Ihr Gesprächspartner wird zunächst das eigene Unternehmen und das Profil der freien Stelle vorstellen und Sie erst im Anschluss bitten, sich selbst zu präsentieren. Sie können sich an dem nachfolgenden Schema orientieren. Wichtig ist, dass Sie während des gesamten Interviews authentisch bleiben. Glaubwürdigkeit und Offenheit zahlen sich im Vorstellungsgespräch immer aus. Da Sie es bereits bis hierhin geschafft haben, haben Sie auch allen Grund, selbstbewusst aufzutreten – natürlich ohne überheblich oder sogar arrogant zu wirken.

1. Begrüßung und Gesprächseröffnung

Es ist üblich, dass Ihr Gesprächspartner – nach der offiziellen Begrüßung – ein wenig mit Ihnen smalltalked. Damit wird versucht, eine entspannte Gesprächsatmosphäre zu schaffen und Ihnen Ihr Lampenfieber zu nehmen. Denn natürlich ist jedem Personalverantwortlichen klar, dass Sie in dieser wichtigen Situation nervös sind.
In dieser Phase können Sie nach Ihrer Anfahrt gefragt werden oder danach, ob Sie schon erste Eindrücke zum Firmenumfeld gewonnen haben. Wahrscheinlich wird man Ihnen auch etwas zu trinken anbieten.
Sie sollten aber bereits während der Gesprächseröffnung hoch konzentriert sein. Zuweilen versucht man bereits in dieser Phase Ihre kommunikativen Fähigkeiten auszuloten.

› Tipp

Unterschätzen Sie die Macht des ersten Eindrucks nicht. Untersuchungen zeigen, dass sich dieser bereits in den ersten 30 Sekunden bildet und sich während der nächsten 20 Minuten verfestigt. Bemühen Sie sich daher um einen aktiven, höflichen und freundlichen Erstkontakt. Lächeln Sie freundlich und begrüßen Sie alle Anwesenden namentlich per Handschlag. Achten Sie dabei auf einen festen und selbstbewussten Händedruck, allerdings nicht „Marke Schraubstock“. Für Ihr Gegenüber ist auch ein feuchter, klebriger Händedruck sehr unangenehm. Stellen Sie sich auch im Vorstellungsgespräch mit Vor- und Nachnamen vor. Das wirkt offen und macht sympathisch. Wenn Sie möchten, können Sie außerdem Ihre Begrüßung durch eine positive Bemerkung über Ihren Gesprächspartner oder das Unternehmen abrunden.

2. Vorstellung des Unternehmens

Im Anschluss wird Ihnen das Unternehmen vorgestellt: Sie bekommen Informationen über die aktuelle Geschäftslage und zu seinen Produkten oder Dienstleistungen. Anschließend werden Sie mit den Anforderungen an den zukünftigen Stelleninhaber vertraut gemacht.

3. Ihre Selbstpräsentation

Im nächsten Schritt werden Sie dazu aufgefordert, sich selbst und Ihren Werdegang kurz vorzustellen. Mit Ihrer überzeugenden Selbstpräsentation haben Sie bereits das Fundament für diesen Gesprächsabschnitt gelegt. (Weitergehende Informationen zur Präsentation innerhalb der Kennenlernrunde finden Sie auf den Seiten 106 und 107.) Jetzt können Sie Ihrem Gesprächspartner beweisen, dass er mit Ihnen einen Volltreffer landen wird, indem Sie Ihre zentralen Verkaufsargumente noch einmal gekonnt kommunizieren.

> **› Tipp**
>
> Fragen Sie, ob Sie sich Notizen machen dürfen. Damit unterstreichen Sie noch einmal Ihr Interesse und die Ernsthaftigkeit Ihrer Bewerbung. Es kann auch vorkommen, dass Ihr Gesprächspartner im weiteren Verlauf des Interviews noch einmal auf bestimmte Unternehmensinfos zurückkommt, um Ihre Konzentrationsfähigkeit zu überprüfen. Aber auch der Bewerber kann demonstrieren, dass er aufmerksam ist und zuhören kann. Fragen Sie am Ende des Gesprächs nach Details, die bisher noch nicht angesprochen wurden.

4. Vertiefende Fragen

Mit speziellen Frageblöcken sollen bestimmte von Ihnen angesprochene Themen vertieft oder andere Aspekte, die für das Unternehmen wichtig sind, geklärt werden. Die Gesprächsstrategie der Personalverantwortlichen richtet sich dabei stark nach Größe und Branche des Unternehmens und natürlich nach dem konkreten Arbeitsplatz. Legen Sie bei Ihren Antworten ruhig eine gewisse Leidenschaft an den Tag. Zeigen Sie, dass Sie Ihren Job und seine Aufgaben mögen. Sie dürfen vor lauter Schwärmerei allerdings nicht ins Schwafeln kommen.

5. Ihre Fragen an das Unternehmen

Üblicherweise haben Sie gegen Ende des Gesprächs die Gelegenheit, eigene Fragen zum Unternehmen oder der freien Position zu stellen. Dies wird auch von Ihnen erwartet, doch leider nutzen die wenigsten Bewerber diese Möglichkeit. Die Bewerbungspraxis macht deutlich, dass Kandidaten, die sich ausgiebig mit den Anforderungen der zukünftigen Position auseinander gesetzt haben, wesentlich engagierter, sorgfältiger und ausdauernder arbeiten als Bewerber, die eher zufällig zu ihrem neuen Arbeitsplatz gelangt sind.
Indem Sie eigene Fragen stellen, können Sie Ihre gründliche Vorbereitung unter Beweis stellen. Greifen Sie ruhig auf eine vorbereitete Liste zurück. Achten Sie aber darauf, dass Sie keine Fragen stellen, die bereits im Verlauf

des Vorstellungsgesprächs beantwortet wurden. Mögliche Fragen sind:

- Welche Erwartungen haben Sie an den neuen Stelleninhaber?
- Gibt es für die Position eine konkrete Stellenbeschreibung? Gibt es einen Organisationsplan zum Unternehmen?
- Ist eine Einarbeitungsphase vorgesehen? Wer wird mein Ansprechpartner sein?
- Wer ist mein direkter Vorgesetzter? An wen werde ich berichten?
- Wie lang ist meine Probezeit?
- Für wie viele Mitarbeiter bin ich verantwortlich?
- Mit welchen Abteilungen werde ich zusammenarbeiten?
- Worauf legen Sie Wert? Gibt es Zusatzqualifikationen, die ich mir für diese Stelle noch aneignen sollte?
- Welche Firmenphilosophie hat das Unternehmen? Wie lauten die Kernaussagen?
- Welche Weiterbildungsmöglichkeiten habe ich in Ihrem Unternehmen?
- Welche Aufstiegsmöglichkeiten habe ich in Ihrem Unternehmen?
- Besteht die Möglichkeit, auch im Ausland eingesetzt zu werden?

Es empfiehlt sich, Fragen zur Vergütung und den Unternehmensleistungen erst zu einem späteren Zeitpunkt zu klären (Die Gehaltsverhandlung, Seite 121). Ansonsten gewinnt Ihr Gesprächspartner schnell den Eindruck, dass Ihnen Ihr Urlaubsanspruch und die Bezahlung wichtiger sind als der Aufgabenbereich des neuen Jobs.

6. Der Gesprächsabschluss

Zeigen Sie zum Abschluss des Vorstellungsgesprächs, dass Sie über die Gepflogenheiten des Bewerbungsverfahrens informiert sind: Die endgültige Entscheidung wird erst getroffen, nachdem die Vorzüge aller Bewerber abgewogen worden sind. Fragen Sie also nicht, ob Sie Ihren Arbeitsvertrag bereits in der Tasche haben, sondern erkundigen Sie sich über das weitere Vorgehen und wann Sie mit einer Entscheidung oder mit einem zweiten Vorstellungstermin rechnen können. Eventuell erwarten Sie hier Elemente aus einem Assessment Center, wie eine Gruppendiskussion.
Bedanken Sie sich für die nette Gesprächsatmosphäre, und machen Sie klar, dass Sie durch den Verlauf des Gesprächs darin bestärkt wurden, dass die Bewerbung in diesem Unternehmen genau die richtige Entscheidung gewesen ist. Verabschieden Sie sich freundlich von sämtlichen Gesprächspartnern, indem Sie sie mit Namen ansprechen. Beachten Sie, dass der erste und letzte Eindruck besonders im Gedächtnis bleibt. Seien Sie daher auch in dieser Phase des Gesprächs gelassen, freundlich und ein wenig distanziert.

Übersicht

Das richtige Outfit

Es heißt nicht umsonst „Kleider machen Leute". Denn in einem Vorstellungsgespräch werden Sie nicht nur nach Ihren Kompetenzen beurteilt – auch Ihre Kleidung spielt eine Rolle. Damit Sie auch mit Ihrem Erscheinungsbild punkten können, finden Sie hier die wichtigsten Tipps im Überblick (siehe auch Seite 63).

- Den einheitlichen Dresscode gibt es auch im Vorstellungsgespräch nicht. Achten Sie aber darauf, dass Ihr Outfit nicht nur elegant, sondern auch angenehm zu tragen ist. Schließlich möchten Sie sich in Ihrer „zweiten Haut" doch wohl fühlen. Sie setzen sich zusätzlichem Stress aus, wenn Sie an Ihrem großen Tag bemerken, dass Ihr Rock vielleicht doch ein wenig zu kurz ist oder der Anzug kneift. Wenn Sie als Bewerberin bisher keine Rockträgerin waren, dann fangen Sie jetzt nicht damit an.
- Wählen Sie zu diesem Anlass eher gedeckte und klassische Farbtöne. Anthrazit oder Dunkelblau passen immer und lenken nicht von den Botschaften ab, die Sie im Gespräch vermitteln wollen.
- Entscheidend ist, dass Bewerber einen gepflegten Eindruck hinterlassen. Knoblauch-, Nikotin- und Alkoholfahnen sind selbstverständlich tabu. Das Gleiche gilt für aufdringliche Parfum- oder Aftershave-Wolken.
- Achten Sie auch auf Ihre Frisur und saubere Fingernägel.
- Viele Personalentscheider schauen immer noch zuerst auf die Schuhe. Wichtig ist, dass diese geputzt und nicht ausgelatscht sind. Bewerberinnen vermeiden offene Schuhe mit zu hohem Absatz. Die Herren lassen bitte ihre heiß geliebten weißen Sportsocken in der Schublade.
- Piercings sind selten gern gesehen. Dies gilt umso mehr, wenn die neue Stelle auch mit Kundenkontakt verbunden ist. Daher ist es prinzipiell besser, alle sichtbaren Piercings vor dem Vorstellungsgespräch zu entfernen. Wenn dadurch allerdings ein wenig vorteilhaftes Loch entsteht, sollte das Accessoire lieber an Ort und Stelle bleiben.
- Abschließend möchten wir Ihnen noch ans Herz legen, dass Sie möglichst nicht versuchen, mit Ihrem Outfit Ihren Gesprächspartner auszustechen. Weihen Sie Ihr neues Marken-Kostüm lieber bei einer anderen Gelegenheit ein.
- Wesentlich entscheidender als alle Bekleidungs- und Stilfragen ist natürlich Ihre Persönlichkeit. Letztlich muss der Gesamteindruck stimmen.

Ihre Selbstpräsentation im Vorstellungsgespräch

Auf dem Weg zum Traumjob wird die Kunst, sich im Einstellungsgespräch geschickt in Szene zu setzen, für viele Bewerber zum schier unüberwindbaren Hindernis. Die Standard-Aufforderung des Interviewers: „Erzählen Sie doch mal etwas über sich" führt daher häufig zum K.o. Solche Situationen lassen sich aber bereits mit ein wenig Training vermeiden. Daher gehört auch die souveräne und selbstbewusste Performance zur perfekten Vorbereitung des Vorstellungsgesprächs. Neben Ihren zentralen Verkaufsargumenten kommt es zusätzlich auf Ihre rhetorischen Fähigkeiten an. Nehmen Sie also noch einmal Ihre Unterlagen zur Hand, und entwickeln Sie hieraus einen kurzen Vortrag. Eine souveräne Kurzpräsentation im Vorstellungsgespräch darf etwa drei bis fünf Minuten dauern. Falls im bisherigen Verlauf des Bewerbungsinterviews einige Punkte der Selbstpräsentation bereits angesprochen wurden, müssen Sie Ihren Vortrag natürlich entsprechend reduzieren. In derartigen Fällen ist eine Kurzversion von etwa einer Minute völlig ausreichend.

Damit Sie die zentralen Botschaften rund um Ihr persönliches Profil auch überzeugend kommunizieren können, haben wir an dieser Stelle noch einmal die wichtigsten Tipps zur richtigen „Verpackung" Ihrer Verkaufsargumente für Sie zusammengestellt:

- Denken Sie daran, dass Ihre Aussagen mit dem Anforderungsprofil der Stelle übereinstimmen. So vermeiden Sie, dass Sie am Thema vorbeireden und den roten Faden verlieren. Zeigen Sie, dass Ihnen bekannt ist, welche Anforderungen Ihr Wunschberuf mit sich bringt und warum gerade Sie dafür die richtige Frau oder der richtige Mann sind. Welchen Nutzen können Sie Ihrem Gesprächspartner bieten, falls er sich für Sie entscheidet?
- Achten Sie darauf, dass Ihre Formulierungen mit denen in Ihrer Bewerbungsmappe übereinstimmen. Rechnen Sie damit, dass Ihr Gesprächspartner sich mit Ihren Bewerbungsunterlagen auseinander gesetzt hat. Allerdings sollten Sie im Vorstellungsgespräch über die reine Auflistung der Fakten hinausgehen und diese durch aussagekräftige Argumente ergänzen.
- Setzen Sie Schwerpunkte in Ihrer bisherigen beruflichen Entwicklung. Zeigen Sie, dass Sie Ihre bisherige Karriere zielgerichtet verfolgt haben. Welche Stationen sind für Ihren Gesprächspartner besonders wichtig? Welche konkreten Erfolge haben Sie nach vorn gebracht? Machen Sie deutlich, welche Ziele Sie noch erreichen wollen.

- Zeigen Sie, dass Sie sich über das Unternehmen informiert haben, und orientieren Sie sich bei Ihrer Selbstpräsentation immer an der jeweiligen Unternehmenssituation.
- Beschreiben Sie genau, was Ihre Persönlichkeit ausmacht. Welche Stärken und Qualifikationen bringen Sie mit? Was ist Ihnen wichtig? Belegen Sie Ihre Aussagen wieder mit konkreten Praxisbeispielen.

> **Tipp**
>
> Selbstverständlich sind es die wenigsten von uns gewohnt, „im Rampenlicht" ungeschminkt über die eigenen Kompetenzen und Vorzüge zu sprechen. Dennoch belegen verschiedene Studien, dass es Männern häufig leichter fällt, Ihre Stärken und Kompetenzen offensiv zu präsentieren. Bewerberinnen tun sich an diesem Punkt etwas schwerer. Falls auch Sie sich angesprochen fühlen, führen Sie sich noch einmal den Verkaufscharakter des Bewerbungsgesprächs vor Augen. Trainieren Sie daher immer wieder Ihren Kurzvortrag in eigener Sache. Nur keine falsche Bescheidenheit: Ihre zentralen Werbebotschaften müssen Ihnen ganz selbstverständlich über die Lippen gehen.

- Verdeutlichen Sie Ihrem Ansprechpartner, dass die ausgeschriebene Stelle Ihre erste Wahl ist. Was hat Sie motiviert, sich gerade bei diesem Unternehmen zu bewerben? Warum streben Sie gerade diese Position an?
- Halten Sie Blickkontakt.

Haben Sie Ihren Kurzvortrag erarbeitet, um auf die Kernfragen des Bewerbungsgesprächs flexibel und souverän reagieren zu können? Dann probieren Sie Ihre Präsentation aus, und beantworten Sie die folgenden Fragen, die Ihnen so auch in einem Bewerbungsgespräch gestellt werden könnten:

- Wir würden Sie gerne näher kennen lernen. Erzählen Sie doch bitte ein wenig über sich!
- Warum bewerben Sie sich in unserem Unternehmen?
- Was interessiert Sie an der ausgeschriebenen Position am meisten?
- Warum sollen wir uns gerade für Sie entscheiden?
- Was sind Ihre Stärken?
- Nennen Sie uns drei Gründe, warum wir Sie einstellen sollen?
- Welches sind die wesentlichen Etappen in Ihrer bisherigen Entwicklung?

Sie sehen: Mit einer guten Vorbereitung haben Sie allen Grund, Ihrem Vorstellungsgespräch entspannt und gelassen entgegenzusehen. Damit gar nichts mehr schief gehen kann, geben wir Ihnen ab Seite 109 einen Überblick über das Fragenrepertoire der Personalchefs.

Aktion/Übung

Beurteilung Ihrer Selbstpräsentation

Bevor es ernst wird, lassen Sie Ihren Kurzvortrag zunächst einmal von Freunden oder Familienangehörigen beurteilen. Optimal wäre es, wenn Sie dabei eine Videokamera benutzen. Der Vorteil einer Kamera liegt darin, dass Ihnen mit Hilfe der visuellen Selbstkontrolle Ihr eigenes Verhalten wesentlich bewusster wird.
Es geht aber natürlich auch ohne. Werten Sie Ihr Verhalten gemeinsam mit Ihren Freunden aus, und bitten Sie um ein ehrliches und offenes Feedback (natürlich ohne verletzend zu werden). Kopieren Sie vor dem Treffen am besten diese Seite. Hier finden Sie einen Auswertungsbogen zur Selbstdarstellung eines Bewerbers, wie er auch in vielen Personalabteilungen zum Einsatz kommt. Teilen Sie die Kopien an Ihre Beobachter aus, und diskutieren Sie die Ergebnisse.

Beurteilung	**Präsentation des Bewerbers**				
	++	+	+/-	-	--
Darstellung (lebendig, informativ)					
Auftreten (gehemmt, nervös, selbstsicher)					
sprachlicher Ausdruck (flüssig, verständlich, treffend)					
fachliche Kompetenz					
Ernsthaftigkeit der Bewerbung (gering bis hoch)					
Selbsteinschätzung (realistisch, überzogen)					
Bewerber passt zum Anforderungsprofil der Stelle					
Persönlichkeit (sympathisch, kontaktfreudig, zurückhaltend)					
Gesamteindruck					

Fragen über Fragen

Eine überzeugende Selbstpräsentation spricht für sich. Spätestens jetzt haben Sie die uneingeschränkte Aufmerksamkeit Ihres Gesprächspartners. Daher wird er an diesem Punkt des Gesprächs mehr über Sie erfahren wollen: Einzelne Themen werden durch gezielte Fragen vertieft, falls relevante Aspekte noch erklärungsbedürftig sind. Die Fragen, die erfahrungsgemäß auf Sie zukommen, lassen sich im Wesentlichen nach folgenden Kategorien unterscheiden:

- Motivation der Bewerbung/ Leistungsmotivation
- beruflicher Werdegang/aktuelle Arbeitssituation
- Unternehmens- und branchenbezogenes Wissen
- Fragen zur Person
- privates Umfeld und Freizeitverhalten
- Stressfragen

Das folgende Gesprächstraining hilft Ihnen dabei, diese – zum Teil unangenehmen – Fragen ohne Umschweife zu beantworten:

1. Motivation der Bewerbung/ Leistungsmotivation

Warum bewerben Sie sich bei uns?

Dies ist eine der Kardinalfragen im Vorstellungsgespräch. Ihr Gesprächspartner möchte erfahren, wie groß Ihre Motivation für den neuen Arbeitsplatz tatsächlich ist. Hat eine Tätigkeit in seinem Unternehmen für Sie wirklich absolute Priorität oder ist sie nur eine Notlösung?

So antworten Sie am besten: Machen Sie an dieser Stelle den roten Faden in Ihrer bisherigen Karriere deutlich, und überzeugen Sie Ihren Gesprächspartner davon, dass es zwischen Ihrem bisherigen Werdegang und der zu besetzenden Position eine innere Logik gibt.

Beispielantwort: „Aufgrund meiner langjährigen Berufserfahrung bin ich mit allen administrativen und organisatorischen Aufgaben eines modernen und effektiven Sekretariats bestens vertraut.
Da ich bereits seit längerem plane, mich beruflich weiterzuentwickeln, habe ich im letzten Jahr an einer Fortbildung zur Chefassistentin erfolgreich teilgenommen. Die zentralen Inhalte der Qualifizierung waren professionelle Korrespondenz und Kommunikation, Präsentationstechniken sowie betriebswirtschaftliche Grundlagen.
Die Position in Ihrem Unternehmen ist für mich eine ideale Möglichkeit, meine Kenntnisse in der Praxis weiter auszubauen. Daher würde ich gerne aktiv mit Ihnen zusammenarbeiten und Sie bei Ihren Aufgaben und Projekten engagiert unterstützen."

Ihre Antwort:

Ähnliche Fragen:

- Wie ist es zu Ihrer Bewerbung in unserem Unternehmen gekommen?
- Was reizt Sie an dieser Position?
- Warum möchten Sie sich beruflich verändern?
- Warum möchten Sie den Arbeitsplatz wechseln?
- Was möchten Sie in drei/fünf Jahren erreichen?

Was treibt Sie in Ihrer täglichen Arbeit an?

Jeder Personalverantwortliche versucht, möglichst motivierte und engagierte Mitarbeiter aus der Flut der Bewerbungen herauszufiltern. Natürlich weiß man, dass es im Arbeitsalltag auch Tätigkeiten gibt, die eher ungern erledigt werden. Dennoch ist Ihr Gesprächspartner verständlicherweise daran interessiert, dass Sie grundsätzlich Spaß und Interesse an Ihrem Job und Ihren Aufgaben haben.

So antworten Sie am besten: Natürlich arbeiten die meisten von uns hauptsächlich zur Sicherung Ihres Lebensunterhalts. Versetzen Sie sich aber einmal mehr in die Situation eines Personalverantwortlichen: Welche Anforderungen würden Sie an einen Bewerber für diese Position stellen? Welche beruflichen und persönlichen Ziele sollte er haben? Sicher nicht nur das monatliche Gehalt, das kommende Wochenende oder den Jahresurlaub.
Machen Sie deutlich, dass Sie an der Entwicklung des Betriebes interessiert sind und Ihren Beitrag leisten wollen, damit die Vorgaben des Managements erreicht werden. Es freut Sie, wenn Sie sehen, dass durch Ihren Einsatz Aufgaben und Projekte erfolgreich umgesetzt werden.

Beispielantwort: „Als Chemielaborantin habe ich ein großes Interesse an Konkurrenzanalysen, da ich aktiv dazu beitragen möchte, die Qualität der Produktserien zu verbessern und neue erfolgreiche Artikel zu entwickeln. Es macht mich sehr stolz, wenn ich in einem Drogeriemarkt Produkte aus einer von uns entwickelten Serie entdecke. Wenn eine Versuchsreihe nach mehreren Monaten nicht zu dem gewünschten Ergebnis führt, bin ich zunächst natürlich enttäuscht. Allerdings ist eine derartige Situation für mich auch eine Herausforderung, um aus den gemachten

Erfahrungen zu lernen und dieses Wissen bei der Entwicklung neuer Produkte einzubringen."

Jetzt sind Sie am Zug:

Ähnliche Fragen:

- Was motiviert Sie zu Höchstleistungen?
- Wodurch motivieren Sie sich selbst in Ihrer Arbeit?

2. Beruflicher Werdegang/ aktuelle Arbeitssituation

Halten Sie Ihren Berufs- und Ausbildungsweg für konsequent?

Ihr Gesprächspartner möchte erfahren, ob aus den einzelnen Stationen Ihrer bisherigen Berufstätigkeit eine klare Entwicklung deutlich wird oder ob es in Ihrem Lebenslauf Sprünge und Lücken gibt, die erklärungsbedürftig sind. Vielleicht haben Sie ja häufiger den Arbeitsplatz oder/und die Branche gewechselt. Zeigen Sie, dass auch in einem solchen Fall der rote Faden in Ihrer Karriereplanung nicht verloren gegangen ist, sondern dass es einen logischen Zusammenhang gibt.

So antworten Sie am besten: Schauen Sie sich zunächst noch einmal Ihren Lebenslauf mit den Augen eines Personalverantwortlichen an: Ist eine klare berufliche Richtung erkennbar? Haben Sie Ihr Fachwissen kontinuierlich erweitert? Wird Ihr ausgeprägtes berufliches Interesse deutlich?
Aber auch wenn Ihr Lebenslauf Sprünge oder Lücken aufweist: Lassen Sie sich nicht entmutigen. Immerhin sind Sie aufgrund Ihrer Bewerbungsunterlagen zum Vorstellungsgespräch eingeladen worden. Sie haben also bereits deutlich gemacht, dass Sie für Ihren potenziellen Arbeitgeber ein interessanter Bewerber sind. Überlegen Sie, welche Tätigkeiten aus Ihrer bisherigen Berufspraxis diesen Eindruck im Vorstellungsgespräch untermauern können.

Beispielantwort: „Als ehemaliger Sozialarbeiter bin ich Menschen in besonders schwierigen Lebenslagen begegnet. Ich habe gelernt offen und empathisch auf sie einzugehen. In meiner derzeitigen Position im Marketing habe ich ebenfalls sehr viel Kontakt zu den unterschiedlichsten Menschen. Es ist mir immer gelungen, die Motive meiner Kunden zu erkennen und zielorientiert nach außen zu kommunizieren. Nach meiner Ansicht prädestinieren mich gerade die Erfahrungen aus beiden Bereichen für eine Tätigkeit als Bildungsreferent in Ihrem Institut. Auch hier wird ja von mir erwartet, dass ich die individuellen Wünsche und Bedürfnisse unserer Auftraggeber und Teilnehmer bei der Konzeption und Durchführung von Weiterbildungsveranstaltungen flexibel aufgreife und umsetze."

Jetzt sind Sie am Zug:

Ähnliche Fragen:

- Warum haben Sie sich für Ihren Beruf entschieden?
- Erläutern Sie uns bitte Ihre berufliche Entwicklung.
- Wie kam es, dass Sie Ihren Arbeitgeber so häufig gewechselt haben?

Wenn Sie es könnten, was würden Sie heute anders machen?

Grundsätzlich suchen Personalverantwortliche natürlich Bewerber, die mit ihrem gewählten Beruf oder ihrem Lebensplan zufrieden sind. Nichts ist frustrierender als Mitarbeiter, die schon seit geraumer Zeit innerlich gekündigt haben und nur noch Dienst nach Vorschrift machen. Es geht hier also darum, dass Sie zu Ihrem bisherigen beruflichen Werdegang stehen.

So antworten Sie am besten: Seien Sie sehr vorsichtig mit dem Aufzählen von Dingen, die Sie im Nachhinein lieber anders gemacht hätten. Falls es gewisse Stationen in Ihrem Leben gab, die Sie heute bereuen, schieben Sie es auf Ihre Unerfahrenheit (beispielsweise in der Jugend). Machen Sie aber klar, dass Sie in Ihrer weiteren Entwicklung Ihren Wunschberuf gefunden haben. Vermitteln Sie auf gar keinen Fall den Eindruck, dass Sie mit Ihrer Berufssituation komplett unzufrieden sind und Sie sich nur um die neue Stelle beworben haben, um überhaupt einer Erwerbstätigkeit nachgehen zu können.

Beispielantwort: „Nachdem ich eine Ausbildung zum Kfz-Mechaniker erfolgreich abgeschlossen hatte und ein weiteres Jahr in derselben Werkstatt tätig war, habe ich eine Stelle als Maschinenführer bei einem großen Automobilzulieferer angenommen. Nach zwei Jahren bin ich zum Teamleiter mit einer Personalverantwortung für zwölf Mitarbeiter aufgestiegen.

Ich habe es zu keiner Zeit bereut, meine ersten Berufserfahrungen in einem kleineren Kfz-Betrieb gemacht zu haben. Der Umstand, dass ich hier nur mit wenigen Kollegen zusammengearbeitet habe, eröffnete mir die Möglichkeit, umfangreiche Erfahrungen mit unterschiedlichsten Automobilmarken und -zubehör zu machen und schon während meiner Ausbildung direkten Kontakt zu Kunden zu haben. Auf diesem Wissen konnte ich bei meinem späteren Arbeitgeber erfolgreich aufbauen."

Ihre Antwort:

____

____

____

____

____

____

____

____

____

____

Ähnliche Fragen:

- Sind Sie mit Ihrer beruflichen Entwicklung zufrieden?
- Würden Sie den gleichen Beruf noch einmal wählen?
- Welche Fehler in Ihrer Karriere würden Sie heute nicht mehr machen?
- Was hatte den größten Einfluss auf die Wahl Ihres Berufs?

Welche Aufgaben beanspruchen Sie in Ihrer aktuellen Position am meisten?

Mit dieser Frage versucht Ihr Gesprächspartner einen umfassenden Einblick in Ihren derzeitigen Aufgabenbereich zu gewinnen. Es wird überprüft, ob Ihre Aussagen im Vorstellungsgespräch mit den Angaben in Ihrem Lebenslauf übereinstimmen. Zudem möchte er erfahren, auf welche Weise Sie bestimmte Aufgaben erledigen.

So antworten Sie am besten: Bereiten Sie sich auf diese Frage gut vor: Listen Sie zunächst alle Tätigkeiten bei Ihrem aktuellen Arbeitgeber auf und wählen Sie diejenigen aus, die sich gut darstellen lassen und einen konkreten Bezug zu Ihrem zukünftigen Arbeitsplatz haben. Überlegen Sie noch einmal genau, was von Ihnen erwartet wird und wie ein typischer Arbeitstag in Ihrem zukünftigen Betrieb aussehen könnte. Gehen Sie eventuell auch auf Sonder- und Projektaufgaben sowie persönliche Entscheidungen in schwierigen Arbeitssituationen ein.

Beispielantwort: „Als Vorzimmerassistentin arbeite ich für mehrere Abteilungsleiter. Meine Aufgaben orientierten sich vorrangig an den Anforderungen des Tagesgeschäfts. Ich bin für die gesamte Organisation des Sekretariats verantwortlich, also für die externe und

interne Korrespondenz, die Terminplanung und -verwaltung, Registratur, Reisekostenabrechnung sowie die Besprechungsvorbereitung.
Auch an Tagen, an denen zeitgleich verschiedene Aufgaben von meinen Vorgesetzten an mich herangetragen werden, behalte ich die Übersicht und ordne die anstehenden Arbeiten nach Prioritäten, um sie termingerecht zu erledigen. Aufgrund meiner langjährigen Berufserfahrung gelingt es mir, Routineaufgaben schnell und effektiv zu bearbeiten. Deshalb habe ich auch häufig Sonderaufgaben für die Geschäftsleitung übernommen. Zudem habe ich bei der Präsentation unseres Unternehmens auf verschiedenen Veranstaltungen und Messen mitgewirkt."

Ihre Vorschläge:

Ähnliche Fragen:

- Was sind (waren) Ihre Arbeitsschwerpunkte bei Ihrem derzeitigen (letzten) Arbeitgeber?
- Was hat Ihnen an Ihrem alten Arbeitsplatz besonders gefallen?/ Was hätten Sie gerne geändert?
- Schildern Sie einen typischen Tagesablauf in Ihrer jetzigen (vorherigen) Position.
- Wie sieht Ihr momentaner Verantwortungsbereich aus? Wo möchten Sie mehr Verantwortung übernehmen?

3. Fragen zur Person

Mit diesen Fragen möchte Ihr Gesprächspartner herausfinden, welche persönlichen Stärken und Kompetenzen Sie haben.
Was zeichnet Sie als zukünftigen Mitarbeiter des Unternehmens aus? Können Sie sich in ein bestehendes Team integrieren? Wie gut kommen Sie mit anderen Menschen zurecht? Wie gehen Sie mit Konflikten um? Bleiben Sie auch in Stress-Situationen gelassen und konzentriert?

Gelingt es Ihnen, Ihre Ideen und Projekte durchzusetzen? Wie gehen Sie dabei vor?

Gerade in großen Unternehmen kann es durchaus vorkommen, dass sich die Vorstellungen einzelner Unternehmensteile darüber, wie ein gemeinsames Ziel zu erreichen ist, widersprechen. Auch im Kontakt mit Kunden muss häufig das Kunststück gelingen, die Kundenbedürfnisse ebenso zu berücksichtigen wie die Interessen der Firma. Hierfür benötigen Sie

Durchsetzungsvermögen und Überzeugungskraft. Ihr Gesprächspartner möchte daher über Situationen aus Ihrer bisherigen Berufspraxis informiert werden, in denen Sie diese Fähigkeiten nachweislich unter Beweis gestellt haben.

So antworten Sie am besten: Beschreiben Sie ein paar Situationen Ihrer beruflichen Entwicklung, in denen es für Sie und die Ziele des Unternehmens wichtig war, verschiedene Betriebsebenen (Abteilungsleiter, Vorgesetzte, Mitarbeiter) oder aber auch Kunden von Ihren Vorstellungen zu überzeugen. Wie ist es Ihnen gelungen, ein für alle Seiten positives Ergebnis zu erzielen?

Beispielantwort: „Als Leiterin eines Projekts zur Optimierung der Zusammenarbeit von Verwaltung, Vertrieb und Service war es häufig notwendig, Konflikte in den eigenen Reihen zu lösen. Dabei war es für mich wichtig, zunächst die unterschiedlichen Interessen zu klären und in einem zweiten Schritt Lösungen zu entwickeln, bei denen es möglichst wenig Gesichtsverluste gab.
Um meine eigenen Ideen und Vorstellungen argumentativ zu untermauern, habe ich zwei Seminare zum Thema ‚Total Quality Management' besucht. Dadurch ist es mir gelungen, mein Projekt auch gegen zum Teil heftigen Widerstand in den einzelnen Fachabteilungen zum Erfolg zu führen."

Ihre Vorschläge:

Ähnliche Fragen:

- Versuchen Sie sich als Führungskraft um jeden Preis durchzusetzen, oder geben Sie eher nach und sind zu Kompromissen bereit?
- Wie schaffen Sie es, eigene Ideen zu vermitteln, bei denen Sie auf viel Widerstand stoßen?
- Wie gelingt es Ihnen, sich durchzusetzen, aber gleichzeitig ein positives Arbeitsklima zu erhalten?

Wo liegen Ihre positiven und wo Ihre negativen Erfahrungen in der Teamarbeit?

In komplexen Unternehmensstrukturen mit Arbeitnehmern unterschiedlichster Ausbildung, Herkunft und Kultur ist Teamarbeit ein absolutes Muss, um mit Kollegen und Vorgesetzten zu harmonieren. Mit dieser Frage möchte Ihr Gesprächspartner überprüfen, ob Teamarbeit für Sie nur ein Schlagwort ist oder ob das Unternehmen in Ihrer Person tatsächlich einen erprobten und kompetenten Teamplayer gefunden hat.

So antworten Sie am besten: Denken Sie offen und ehrlich über Ihre Teamfähigkeit nach. Wenn Sie Ihre Aufgaben lieber im Alleingang bearbeiten, dann wird sich eine vorgeschobene Teamorientierung in der Praxis schnell als Bumerang erweisen. Belegen Sie Ihre Teamkompetenz mit konkreten Erfahrungen und Beispielen. Schildern Sie aber auch Situationen, in denen Sie Teamarbeit für fragwürdig halten.

Beispielantwort: „Als Leiter der Entwicklungsabteilung war ich verantwortlich für die Realisierung einer neuen Pflegeserie, die die wachsenden Ansprüche unserer Zielgruppe berücksichtigt. Zusammen mit dem Marketing und dem Vertrieb haben wir dieses Projekt in einer zweitägigen Kick-off-Veranstaltung beschrieben, in einzelne Schritte aufgeteilt und erste Ideen entwickelt. In wöchentlichen Meetings der Projektgruppe haben wir die weiteren Produktionsschritte mit den jeweils zuständigen Ansprechpartnern besprochen und sehr erfolgreich umgesetzt.
In einer äußerst kritischen Entwicklungsphase war es nötig, eine schnelle Entscheidung zu treffen. Um die Realisierung des gesamten Projekts nicht zu gefährden, habe ich unverzüglich und eigenverantwortlich konkrete Maßnahmen eingeleitet, die dann erst zu einem späteren Zeitpunkt in der Projektgruppe besprochen werden konnten."

Ihre Antwort:

Ähnliche Fragen:

- Was schätzen Sie an Arbeitskollegen und Vorgesetzten?
- Gab es schon einmal Meinungsverschiedenheiten zwischen Ihnen und Ihren Vorgesetzten/Kollegen? Was waren die Gründe dafür? Wie haben Sie sich verhalten?
- Wie gerne arbeiten Sie mit anderen Personen zusammen?
- Arbeiten Sie lieber allein oder im Team?

4. Fragen zu Ihrem privaten Umfeld und Freizeitverhalten

Wie vereinbaren Sie Ihre beruflichen und familiären Anforderungen?

Ein Unternehmen ist am erfolgreichsten, wenn alle Mitarbeiter sich motiviert und unbelastet auf ihre Aufgaben konzentrieren können. Ihr Gegenüber möchte daher erfahren, wie sich Ihr Privatleben gestaltet. Sind Sie aufgrund Ihrer privaten Situation ausgeglichen und zufrieden? Sind Ihre Kinder gut untergebracht? Lassen sich Fehlzeiten aufgrund von Kinderkrankheiten weitgehend vermeiden? Haben Sie eventuell Beziehungsprobleme und sind daher nicht in der Lage, sich voll auf Ihre Aufgabe zu konzentrieren?

So antworten Sie am besten: Egal, ob Sie allein oder mit einem Partner leben, schildern Sie Ihre familiäre Situation positiv. Vermeiden Sie jegliche Aussagen, die darauf schließen lassen, dass Sie mit Ihrem Privatleben unzufrieden sind. Erklären Sie auch, wie Ihnen der Ausgleich zwischen Privat- und Berufsleben gelingt.

Beispielantwort: „Ich bin allein erziehende Mutter von zwei schulpflichtigen Kindern. Der Vater meiner Kinder und ich sind zwar seit vier Jahren geschieden, wir verstehen uns allerdings immer noch sehr gut, gerade hinsichtlich der Kindererziehung. Meine Kinder besuchen mit großer Freude eine Ganztagsschule. Da meine Eltern bereits pensioniert sind und in der Nähe leben, übernehmen sie gerne die Kinderversorgung in den Ferien und im Krankheitsfall. In meiner Freizeit spiele ich Tennis und unternehme sehr viel mit meinen Kindern und anderen Familien."

Sie sind am Zug:

Ähnliche Fragen:

- Wie sieht Ihr soziales Umfeld aus?
- Welche Hobbys haben Sie?
- Sind Sie in Vereinen oder Verbänden engagiert?
- Wie steht Ihre Familie zu Ihrem beruflichen Wechsel?
- Was sagt Ihre Familie zu der starken beruflichen Belastung?

5. Stressfragen

Um ehrlich zu sein, Sie haben mich bisher noch nicht einmal ansatzweise überzeugt. Ich denke, diese Position ist mindestens eine Nummer zu groß für Sie!

Typische Stressinterviews sind in einem Vorstellungsgespräch eher die Ausnahme. Allerdings rechnen Sie besser – gerade in größeren Unternehmen – mit der einen oder anderen Frage aus diesem Bereich. Wie im oben genannten Beispiel beinhalten Stressfragen häufig eine Unterstellung. So behauptet Ihr Gesprächspartner beispielsweise, dass Ihre bisherigen Antworten den Eindruck vermitteln, angelesen zu sein. Oder dass die Praxisbeispiele zu Ihren fachlichen und persönlichen Kompetenzen wohl eindeutig nicht den Tatsachen entsprechen. Mit dieser Fragetechnik möchte Ihr Gegenüber erfahren, wie Sie auf Druck reagieren und was es mit Ihrer Kritikfähigkeit auf sich hat. Wichtig ist, dass Sie in diesen Situationen einen kühlen Kopf behalten.

So antworten Sie am besten: Vermeiden Sie es, auf die Unterstellung direkt einzugehen. Sie haben allen Grund, sachlich, gelassen und konzentriert zu bleiben. Wenn Ihr Gegenüber tatsächlich der Ansicht wäre, dass Sie nicht der Richtige für die Stelle sind, hätte er Sie niemals eingeladen. Betrachten Sie daher diese Fragen prinzipiell als Chance: Jetzt haben Sie noch einmal die Gelegenheit zu zeigen, was in Ihnen steckt. Belegen Sie anhand eines überzeugenden Beispiels aus Ihrer Berufspraxis, dass an der genannten Unterstellung nichts dran ist.

Beispielantwort: „Keineswegs. Auch in meiner bisherigen Position war ich für die Wareneingangs-, die Fertigungs- und Endprüfung verantwortlich. Da ich auch für Problemanalysen und die Fehlerbehandlung zuständig war, bin ich auch mit abteilungsübergreifenden Aufgaben bestens vertraut. Diese Erfahrungen würde ich gerne auch zum Nutzen Ihres Unternehmens einbringen."

Ihre Antwort:

Ähnliche Fragen:

- Ich bin der Überzeugung, dass Sie für diesen Aufgabenbereich überqualifiziert/unterqualifiziert sind.
- Ich bin der Ansicht, dass Sie sich in einem anderen Unternehmen wohler fühlen würden.
- Ihr bisheriger Werdegang ist ja wohl eher durchschnittlich, oder?
- Warum haben Sie sich mit Ihrem Studium so lange Zeit gelassen?
- Warum machen Sie nicht bei Ihrem derzeitigen Arbeitgeber Karriere? Ich habe den Eindruck, dass man dort glücklich ist, wenn Sie den Betrieb verlassen, stimmt das?

- Warum haben Sie so häufig Ihren Arbeitsplatz gewechselt?
- Warum sind Sie bereits so lange arbeitslos?
- Was haben Sie in den letzten Jahren unternommen, um beruflich nicht den Anschluss zu verpassen (Frage an Wiedereinsteiger)?
- Ich denke, dass Sie für diese Stelle einfach zu alt sind (für Bewerber über 40 Jahre).

Exkurs: Verbotene Fragen

Leider kommt es hin und wieder immer noch vor, dass Sie in einem Vorstellungsgespräch mit den berüchtigten unzulässigen Fragen konfrontiert werden. Prinzipiell sind nur solche Fragen erlaubt, die arbeitsbezogen sind. Der Wissensdurst Ihres Gesprächspartners darf sich demnach nur auf Informationen erstrecken, die im engen Zusammenhang mit der zu besetzenden Stelle und den damit verbundenen Aufgaben stehen.
Unzulässige Inhalte sind daher:

- Schwangerschaft, Heirat oder Kinderwunsch
- Religions-, Partei-, Gewerkschaftszugehörigkeit (nur erlaubt bei Bewerbungen in so genannten Tendenzbetrieben wie Kirchen oder parteinahen Stiftungen)
- Fragen nach Vorstrafen sind nur zulässig, soweit sich aus ihnen ernsthafte Zweifel an der charakterlichen Eignung des Bewerbers hinsichtlich der konkreten Position ergeben (wie Verkehrsdelikte bei der Bewerbung eines Berufskraftfahrers).
- Verboten sind ebenfalls Fragen nach dem Gesundheitszustand, chronischen Leiden oder überstandenen Krankheiten, sofern sie nicht der Feststellung dienen, inwieweit der Bewerber für die anstehenden Aufgaben überhaupt geeignet ist.
- Unzulässig sind auch Fragen zu den privaten Vermögensverhältnissen des Bewerbers, außer die Arbeit setzt ein besonderes Vertrauensverhältnis voraus (Kassierer, Revisor ...).

Da diese Fragestellungen aus arbeitsrechtlicher Sicht nicht erlaubt sind, kann der Bewerber nicht zur wahrheitsgemäßen Beantwortung verpflichtet werden.

So antworten Sie am besten: Falls Sie im Vorstellungsgespräch einer Frage aus dieser Kategorie begegnen, reagieren Sie selbstbewusst und offen darauf. Werden Sie nicht patzig, indem Sie Ihren Gesprächspartner darauf hinweisen, dass Sie seine Frage nicht beantworten müssen, sondern geben Sie ihm die Antwort, die er vermutlich hören möchte. Damit Sie nicht direkt die Chance auf den neuen Arbeitsplatz einbüßen, dürfen Sie unzulässige Fragen auch wahrheitswidrig beantworten.

Übersicht

Körpersprache

Sie können nicht nicht kommunizieren! Ihr Körper spricht immer. Wissenschaftliche Untersuchungen haben ergeben, dass mehr als 50 Prozent der Informationen innerhalb der ersten Phase eines Gesprächs durch nonverbale Signale wie Mimik, Gestik, Körperhaltung und Tonfall vermittelt werden. Da auch im Vorstellungsgespräch Ihre Kommunikationsfähigkeit ein entscheidender Erfolgsfaktor ist, helfen Ihnen die folgenden Tipps zur Körpersprache, sich von Ihrer besten Seite zu zeigen:

- Blicken Sie Ihrem jeweiligen Gesprächspartner direkt und offen in die Augen. Vermeiden Sie es jedoch, ihn anzustarren. Es hat sich bewährt, innerlich ein Dreieck, um die Augen und den Mund Ihres Gegenübers, zu zeichnen. Ihr Blick wird sich dann wie von selbst zwischen diesen Punkten bewegen. Probieren Sie diese Methode beim nächsten Gespräch in der Familie oder mit Freunden einfach einmal aus.
- Nehmen Sie eine aufrechte Sitzposition ein (mit dem Gesäß an der Stuhllehne). Beugen Sie sich Ihrem Gesprächspartner leicht entgegen. Damit vermitteln Sie Interesse, Engagement und Respekt.
- Sorgen Sie für Halt. Ihre Beine stehen leicht auseinander; die Fußsohlen haben dabei Kontakt zum Boden. Diese Körperhaltung wird Ihnen Sicherheit geben. Jetzt kann Sie nichts mehr so leicht aus der Bahn werfen. Damit Sie nicht zur Statue erstarren, sollten Sie aber nicht allzu sklavisch in einer Position verharren. Wichtiger ist, dass Sie sich wohl fühlen. Verstellen Sie sich daher nicht, und achten Sie auch auf Bewegungsfreiheit.
- Wenn Sie auf Ihr Gegenüber locker und entspannt wirken möchten, dann versuchen Sie auch Ihre Hände unter Kontrolle zu halten. Ständiges Herumspielen mit einem Stift oder Drehen an einem Ihrer Ringe sind deutliche Signale für mangelnde Stressresistenz.
- Personen, die sich gut verstehen, gleichen oft unbewusst ihre Haltung und Gestik aneinander an. Um eine positive Kontaktaufnahme zu fördern und zu unterstützen, können Sie Ihren Gesprächspartner bewusst „spiegeln“: Bewegen und verhalten Sie sich symmetrisch.
- Sprechen Sie mit fester und deutlicher Stimme. Vermeiden Sie besser einen monotonen Tonfall. Allerdings besteht bei Nervosität die Gefahr, dass Sie sich verhaspeln. Im Zweifel sprechen Sie daher lieber etwas langsamer als gewöhnlich.

Die Gehalts-verhandlung

Die Frage nach Ihren Gehaltsvorstellungen wird Ihnen zum Ende des Einstellungsgesprächs gestellt. Es kommt aber auch vor, dass dieser Punkt, zusammen mit den speziellen Arbeitskonditionen der neuen Stelle, erst Inhalt eines zweiten Gesprächs ist.

Wichtig ist auch hier, dass Sie sich vor dem Gespräch darüber informieren, was Sie üblicherweise als Entgelt für Ihre Arbeitsleistung in dieser Position erwarten können. Berücksichtigen Sie bei Ihrer „Marktanalyse" auch die folgenden Faktoren:

- Berufsausbildung/Studium
- bisherige Berufserfahrung und spezielle Kenntnisse
- Erweiterung des Verantwortungs- und Aufgabenbereichs
- Weiterbildungen
- Unternehmen, Branche und regionale Unterschiede
- gegebenenfalls: tarifvertragliche Bindungen

Ihr Gesprächspartner orientiert sich bei der Vergütung der zu besetzenden Stelle anhand einer vorab kalkulierten Verdienstspanne. Deshalb sollten Sie auf die Frage nach der Gehaltsvorstellung einen Gehaltsrahmen angeben. Damit demonstrieren Sie auch in dieser Phase Besonnenheit und vermeiden, dass Sie eventuell aufgrund einer zu hohen Forderung aus dem Rennen sind. Beziehen Sie sich bei Ihren Angaben immer auf das Bruttojahresgehalt. Aufgrund der angespannten Arbeitsmarktsituation und der Vielzahl der Bewerbungen ist es momentan geschickt, wenn Sie den Einstieg in Ihre Verdienstspanne etwas geringer ansetzen. Achten Sie aber auf einen finanziellen Mindestbedarf, den Sie brauchen, um Ihren Lebensstandard zu erhalten oder auszubauen.

Lassen Sie in Ihre Kalkulation auch interessante Zusatzleistungen des zukünftigen Arbeitgebers einfließen. Jetzt haben Sie eine gute Gelegenheit, um sich danach zu erkundigen. In Betracht kommen beispielsweise:

- flexible Vergütungssysteme, Bonuszahlungen und Prämien
- Gewinnbeteiligungen
- Urlaubs- und Weihnachtsgeld
- vermögenswirksame Leistungen, Zusatzversicherungen oder eine betriebliche Altersvorsorge
- Zuschläge für Nachtarbeit oder Überstunden
- Zusatzleistungen für bestimmte Arbeitseinsätze (Montage oder Auslandseinsätze)
- Firmenwagen, Kfz-Versicherung, Benzingutscheine
- Mitarbeiteraktien oder Firmenrabatte
- flexible Arbeitszeiten

Pannenhilfe: Was tun, wenn ...

Sie nicht pünktlich zum Gespräch erscheinen können?

Auch wenn Sie Ihren Anreiseweg perfekt geplant haben, kann immer etwas schief gehen. Vielleicht stecken Sie in einem Mammutstau, eventuell verpassen Sie aufgrund eines Gleisschadens sämtliche Anschlusszüge oder aber Sie verschlafen zum ersten Mal in Ihrem Leben einen wichtigen Termin. Für alle diese Fälle gilt: Es ist selbstverständlich, dass Sie Ihren Gesprächspartner unverzüglich anrufen. Entschuldigen Sie sich für die Verspätung, und informieren Sie ihn über Ihr Malheur. Eventuell liegt das weitere Vorgehen jetzt nicht mehr in Ihrer Hand. Es kann durchaus sein, dass Ihre Verspätung nicht entscheidend ist und Sie Ihr Einstellungsgespräch noch am selben Tag durchführen können. Es ist aber auch möglich, dass der Zeitplan Ihres Gesprächspartners für ein späteres Treffen zu eng ist und Sie daher einen Ausweichtermin vereinbaren müssen.

Sie bemerken, dass Ihr Styling auch nicht mehr das ist, was es noch am Morgen war?

Sie haben einen Teil Ihres Kaffees über Ihr Hemd gekleckert oder Ihre Strumpfhose hat eine Laufmasche? Die Sache mit der Laufmasche passiert im Übrigen sehr häufig. Deshalb sollten Bewerberinnen immer ein zweites Paar im Gepäck haben. Wenn Sie ein Missgeschick allerdings nicht mehr korrigieren können, hilft nur eins: Bleiben Sie trotzdem ruhig und gelassen. Überlegen Sie sich, ob Sie die Bescherung nicht ganz offen ansprechen. Das macht Sie menschlich und sympathisch und spricht auch für ein gesundes Selbstbewusstsein. Zudem sind derartige Vorfälle immer wieder ein beliebtes Smalltalk-Thema am Anfang des Vorstellungsgesprächs.

Sie nervös sind?

Aufgrund Ihrer sorgfältigen Vorbereitung sind Sie eigentlich auf der sicheren Seite. Sie werden ein partnerschaftliches Gespräch auf gleicher Augenhöhe führen. Eine gewisse Grundanspannung ist kein Thema. Auch Ihr Lampenfieber können Sie in der Regel offen ansprechen. Falls Sie allerdings in Prüfungssituationen durch alle Poren ausstrahlen, wie nervös Sie sind, und Sie einen Blackout befürchten, hier noch einige Tipps:

- Versuchen Sie zunächst niemals, Ihr Lampenfieber zu ignorieren, sondern entwickeln Sie gegenüber Ihrer Nervosität eine positive Grundhaltung: Wer vor einem Bewerbungsgespräch allzu cool und lässig ist, hat häufig nicht die nötige Spannung, um überzeugend und wirkungsvoll zu kommunizieren. Jeder gute Schauspieler verspürt vor einem Auftritt, auch nach jahrelanger Bühnenerfahrung, noch eine gewisse Erregung, die erst im Verlauf der Aufführung etwas nachlässt. Lassen Sie also Ihr Lampenfieber nicht gegen sich, sondern für sich arbeiten. Betrachten Sie Ihre Anspannung als Ansporn. Dann wird Ihnen Ihr Lampenfieber dabei helfen, auf den Punkt fit und hochkonzentriert zu sein.

- Spielen Sie das Vorstellungsgespräch mehrfach in Ihren Gedanken durch: Sie sind entspannt, weil Sie wissen, dass Sie sehr gut vorbereitet sind. Sie betreten den Raum und treffen auf sympathische Menschen. Sie parieren alle gestellten Fragen gekonnt und souverän in einer offenen und kooperativen Gesprächsatmosphäre.
- Stellen Sie sich vor, was Sie nach dem Gespräch tun werden. Sie packen Ihre Unterlagen ein und Ihr Gesprächspartner gratuliert Ihnen zu Ihrer gelungenen Präsentation. Sie rufen einige gute Freunde an, um sie über Ihren professionellen Auftritt zu informieren und mit Ihnen am Abend ein wenig zu feiern.
- Falls Sie es in der Kennenlernrunde mit mehreren Personen zu tun haben, sollten Sie bei großer Anspannung zunächst so wenig wie möglich auf die Grantigen und die Brummigen blicken – außer natürlich, wenn Sie das Pech haben, dass gerade diese das Wort an Sie richten. Konzentrieren Sie sich in der Anfangsphase auf diejenigen, die Ihnen gegenüber offensichtlich wohlwollend eingestellt sind. Ansonsten bekommen Sie eventuell ein völlig falsches Bild vom Erfolg Ihrer Vorstellung. Achten Sie allerdings darauf, dass Sie im Verlauf des Gesprächs niemanden ignorieren.
- Eine schnell wirkende Atemtechnik, die Sie auch noch kurz vor Ihrem Vorstellungstermin einsetzen können, ohne dass es jemandem auffallen wird: Atmen Sie langsam und bewusst ein. Halten Sie die Luft für einen kurzen Moment an. Beim Ausatmen sprechen Sie gedanklich ein zweisilbiges Wort wie Ruhe, Friede oder Freude. Wiederholen Sie die Übung mehrere Male. Sie werden spüren, wie Sie sich beim Ausatmen entspannen und sich Ihre Atmung allmählich beruhigt.
- Gerade wenn Sie mit einer Vorstellungssituation wenig vertraut sind, sollten Sie nicht allzu selbstkritisch sein. Bewerten Sie jedes Bewerbungsgespräch als exzellentes Training: Auch wenn sich das Unternehmen für einen anderen Kandidaten entscheiden sollte, Sie können nur gewinnen. Und beim nächsten Mal klappt es bestimmt!

Aktion/Übung

Die Nachbereitung des Vorstellungsgesprächs

Werten Sie jedes Vorstellungsgespräch sorgfältig aus. Lassen Sie das Interview vor Ihrem inneren Auge noch einmal Revue passieren. Waren Sie mit Ihrem Auftreten und Ihren Antworten zufrieden? Mit welchen Fragen haben Sie nicht gerechnet? Wie hätten Sie sich noch besser präsentieren können? Wichtig ist, dass Sie unmittelbar nach dem Abschluss des Gesprächs mit Ihrer Auswertung beginnen. Ansonsten besteht die Gefahr, dass Sie relevante Punkte vergessen.

	+	+/-	-	**Bemerkungen**
Wie habe ich die Gesprächsatmosphäre erlebt? Habe ich mich wohl gefühlt?	☐	☐	☐	
Wie hat sich das Gespräch entwickelt?	☐	☐	☐	
Wie gut war meine Vorbereitung? Konnte ich die Motive meiner Bewerbung deutlich machen?	☐	☐	☐	
Habe ich meine berufliche Entwicklung überzeugend dargestellt?	☐	☐	☐	
War es möglich, meine bisherigen Aufgaben und besonderen Erfolge zu präsentieren?	☐	☐	☐	
Konnte ich auf meine fachliche und persönliche Qualifikation eingehen?	☐	☐	☐	
Waren mir meine Gesprächspartner sympathisch?	☐	☐	☐	
Entspricht das Unternehmen meinen Vorstellungen? Verdiene ich genug?	☐	☐	☐	
Mit welchen Fragen habe ich nicht gerechnet?	• • •			
Mit welchen Gefühlen habe ich das Gespräch verlassen?	• • •			
Gibt es noch offene Fragen, die im zweiten Gespräch geklärt werden müssen?	• • •			
Was muss ich in Zukunft besser machen?	• • •			

Übersicht

Bleiben Sie am Ball

Wenn Sie mitten in einer Bewerbungsphase stecken, haben Sie bestimmt mehrere Mappen verschickt. Damit Sie nicht den Überblick verlieren, hilft Ihnen diese Übersicht. Tragen Sie stets den aktuellen Stand Ihres Bewerbungsprozesses ein und bleiben Sie am Ball.
Keine Angst: Sie haben mit Ihren Unterlagen und im Vorstellungsgespräch Ihr Bestes gegeben, der Traumjob kommt bestimmt!

Arbeitgeber/ Funktion:	**Art der Bewerbung:**	**Verschickt am:**	**Zwischen-bescheid am:**	**Nachgehakt am:**	**Vorstellungs-gespräch am:**	**Nachgehakt am:**

› Buchtipps

Standortanalyse, Orientierung und Zielfindung

- Bolles, Richard Nelson: **Durchstarten zum Traumjob.** Campus, Frankfurt/New York 2004
- Gulder, Angelika: **Finde den Job, der dich glücklich macht.** Campus, Frankfurt/New York, 2007
- Nemeczek, Ralf G./Sonntag, Isabella: **Abenteuer Business.** WU WEI Verlag, Schondorf 2001
- Sher, Barbara: **Wishcraft.** Edition Schwarzer, Osnabrück 2004

Schriftliche Bewerbung

- Hesse, Jürgen/Schrader, Hans Christian: **Handbuch Schriftliche Bewerbung.** Eichborn, Frankfurt 2002
- Lorenz, Michael/Rohrschneider, Uta: **Meine Bewerbung.** Haufe, Freiburg 2004
- Öttl, Christine/Härter, Gitte: **Schriftliche Bewerbung.** Gräfe und Unzer, München 2004
- Siewert, Horst H.: **Bewerben wie ein Profi.** Redline Wirtschaft, München 2006

Vorstellungsgespräch

- Matschnig, Monika: **Körpersprache.** Gräfe und Unzer, München, 2007
- Öttl, Christine/Härter, Gitte: **Vorstellungsgespräche.** Gräfe und Unzer, München 2004
- Püttjer, Christian/Schnierda, Uwe: **Souverän im Assessment-Center.** Campus, Frankfurt/New York, 2008
- Püttjer, Christian/Schnierda, Uwe: **Souverän im Vorstellungsgespräch.** Campus, Frankfurt/New York 2005
- Yate, Martin John: **Das erfolgreiche Bewerbungsgespräch.** Campus, Frankfurt/New York 2008

Online-Bewerbung

- Hofert, Svenja: **Jobsuche und Bewerbung im Web 2.0.** Eichborn, Frankfurt, 2008
- Hofert, Svenja: **Praxismappe für die perfekte Internet-Bewerbung.** Eichborn, Frankfurt 2005

Networking

- Scheddin, Monika: **Erfolgsstrategie Networking.** Bw Verlag, Nürnberg, 2005
- Scheler, Uwe: **Erfolgsfaktor Networking.** Piper, München 2005

› Web-Adressen

Nützliche Seiten zu Beruf, Karriere und Leben:

- www.ideal-consult.de

Die Web-Präsenz der Autorin und des Autors. Wir beraten und begleiten Sie in allen Bewerbungs- und Karrierefragen.

- www.zeitzuleben.de

Online-Ratgeber zu den Themen Erfolg und Lebensqualität. „Alles für ein aktives Leben“.

(Weitere) Jobsuchmaschinen:

- www.crosswater-systems.com

Ca. 800 Jobbörsen nach Branchen und Alphabet.

- www.netzeitung.de

Ca. 25 Jobbörsen.

Unternehmensrecherche im Internet:

- www.abconline.de
- www.firmendatenbank.de
- www.forum-jobline.de
- www.ftd.de
- www.genios.de
- www.handelsblatt.de
- www.karrierefuehrer.de
- www.more-ir.de
- www.romling.com
- www.staufenbiel.de

Register

› Impressum

Programmleitung: Steffen Haselbach
Leitende Redaktion: Anita Zellner
Idee, Konzept und Redaktion: Esther Szolnoki
Lektorat: Dunja Götz-Ehlert
Titelillustration: Tulio Barrios
Fotos auf den Aufmacherseiten (S. 7, 31, 95): Hans Döring (oben und Mitte); Andreas Hosch (unten)

Umschlag und Gestaltung: independent Medien-Design
Herstellung: Bettina Häfele
Satz: Filmsatz Schröter, München
Repro: Penta Repro, München
Druck und Bindung: Kaufmann, Lahr

Umwelthinweis
Dieses Buch wurde auf chlorfrei gebleichtem Papier gedruckt. Um Rohstoffe zu sparen, haben wir auf Folienverpackung verzichtet.

Wichtiger Hinweis
Die Beiträge in diesem Buch sind sorgfältig recherchiert und entsprechen dem aktuellen Stand.
Abweichungen, beispielsweise durch seit Drucklegung geänderte WWW-Adressen etc., sind nicht auszuschließen. Weder die Autoren noch der Verlag können für eventuelle Nachteile oder Schäden, die aus den im Buch gegebenen praktischen Hinweisen resultieren, eine Haftung übernehmen.

ISBN 978-3-8338-0149-5

2. Auflage 2008

DAS ORIGINAL · GU · MIT GARANTIE

Das Original mit Garantie

Ihre Meinung ist uns wichtig.
Deshalb möchten wir Ihre Kritik, gerne aber auch Ihr Lob erfahren, um als führender Ratgeberverlag für Sie noch besser zu werden.
Darum: Schreiben Sie uns!
Wir freuen uns auf Ihre Post und wünschen Ihnen viel Spaß mit Ihrem GU-Ratgeber.

Unsere Garantie: Sollte ein GU-Ratgeber einmal einen Fehler enthalten, schicken Sie uns bitte das Buch mit einem kleinen Hinweis innerhalb von sechs Monaten nach dem Kauf zurück. Wir tauschen Ihnen den GU-Ratgeber gegen einen anderen zum gleichen oder ähnlichen Thema um.

GRÄFE UND UNZER VERLAG
Redaktion Leben & Lernen
Postfach 86 03 25
81630 München
Fax: 089/4 19 81-113
E-Mail: leserservice@graefe-und-unzer.de

GRÄFE UND UNZER

Ein Unternehmen der
GANSKE VERLAGSGRUPPE